KARIN FLEISCHANDERL

WESPENNEST · ESSAY

KARIN FLEISCHANDERL

Des Kaisers neue Kleider

Schreiben in Zeiten der Postmoderne

WESPENNEST · ESSAY

Die Deutsche Bibliothek – CIP-Einheitsaufnahme

Fleischanderl, Karin: Des Kaisers neue Kleider. Schreiben in Zeiten der Postmoderne.
Wien: WESPENNEST 1994
ISBN 3-85458-507-1

Lektorat: Dana Bronski
Grafik-Design: Maria-Anna Friedl

Graphische Gestaltung: Jarmila Böhm
Herstellung: rema-print
Verlags- und Herstellungsort: Wien
Printed in Austria
ISBN 3-85458-507-1

DES KAISERS NEUE KLEIDER

Mählich wurde es Nacht ...

Nach den langen Wochen der Hitze, in denen nur der Tau die Dürre gemildert hatte, rauschte in einer Septembernacht der erste Herbstregen herab, ein warmer, schwerer Regen, den die dünne Krume der Terrassenfelder aufsog, bis ihre zerrissene, unfruchtbare Härte gesättigt war und sich in Schlamm verwandelte, der aus den ummauerten Nestern der Gärten und Felder trat und ans Meer hinabkroch.

Sie lehnte sich bequem zurück, das Herz von Sehnsucht geschwellt, das Gesicht dem Himmel zugewandt, der ganz mit leichtem Dunst wie mit flockigem Flaum bedeckt war. Die Geste war so harmonisch, daß er davon verzaubert war. In der wohlgestalteten Form, im leichten Spiel des Handgelenks, in der klaren Kurve, die jene Bewegung einen Augenblick lang im Dunkel der Nacht beschrieb, hatte sich ihm eine neue und geheimnisvolle Schönheit enthüllt. Er sah ihr in die Augen; und er fühlte, was sich da verborgen feindselig im Wesen der Jungfrau aufbäumte, und er empfand selbst gegen sie die gleiche unbestimmte Feindseligkeit. Und er sah sie auch isoliert, ihr eigenes eng umgrenztes Leben lebend, in ein tiefgeheimstes Denken festgebannt, fremd und unverletzlich.

Was nun geschah, war nur die Erfüllung dessen, was längst auf den Fetzen und Wimpeln von Trachila geschrie-

ben stand. Ihm war, als sei er aus einem Traum geweckt worden, um gleich in einen noch süßeren zu fallen.

– Ja, ja …

Rücksichtslos gab sie sich in dieser einen, schwachen Silbe. Ihr Lächeln erlosch; der Mund wurde schwer und gewann in dem bleichen Gesicht einen beinahe harten Umriß, als ob er vom Durst gepeinigt würde, unersättlich und geschaffen, an sich zu ziehen, zu nehmen, zu behalten. Und der ganze Körper, der im Schmerz und im Entsetzen hinsterben zu wollen schien, richtete sich auf, als ob ihm ein neues Knochengerüst erwüchse und gewann seine fleischliche Machart zurück und wurde von einer stürmischen Flut durchwogt; er wurde von neuem begehrenswert und unrein.

Mählich wurde es Nacht. Da begann die Stille zu summen und leiser Singsang ertönte, er kam immer näher, bewegte sich langsam klingelnd durch die lauschende Nacht. Allmählich kam der Schlaf und in ihm verflogen die Blumendüfte und die Töne und die verschwommenen Bilder …[1]

Die Wiederkehr des Ewiggleichen

Über sogenannt postmoderne Literatur zu schreiben, heißt vor allem einmal festzustellen, daß es am Gegenstand mangelt. Es gibt keine postmoderne Literatur, es gibt nur ein postmodernes Reden über Literatur beziehungsweise ein Reden über sogenannt postmoderne Literatur. Zwar mangelt es nicht an Thesen, die versuchen, letztere auf den Begriff zu bringen, und die sich umso mehr von ihrem Gegenstand entfernen, je komplexer sie sind; meint man es jedoch ernst mit dem Begriff „Postmoderne", so muß man ebenfalls den von ihr selbst postulierten Widerspruch akzeptieren, daß nämlich die Produktion von Kunst unter postmodernen Bedingungen ein Ding der Unmöglichkeit ist. In Zeiten, so heißt es, die nicht mehr von beständigem Fortschritt gekennzeichnet seien, könne auch die Kunst nichts Neues hervorbringen, womit es unumgänglich sei, alte Muster zu wiederholen. Wie aber legitimiert sich Kunst als solche, wenn sie sich in keiner Weise von den durch den hundertfachen Gebrauch trivialisierten Formen unterscheidet, die einem inzwischen auf jeder Werbefläche begegnen? Keine sprachliche oder gedankliche Arbeit unterscheidet dann das als solches überflüssig gewordene Kunstwerk vom trivialen Produkt, das ja in seiner Uneigentlichkeit und Entfremdung nicht minder eigentlich ist als dieses und das Kulturelle in derselben Weise reproduziert. Die Postmoderne postuliert die Aufhebung der Hierarchien – doch wäre sie wirklich so totalitär, wie sie vorgibt zu sein, erübrigte sich auch das Nachdenken über sie, genauso wie die von ihr selbst aufgestellten Thesen hinfällig würden. Die Reflexionen der Theoretiker der Postmoderne setzen eine Ebene voraus, deren Verschwinden sie behaupten. Peter Bürger: „Nicht nur vermag der Postmoderne-Diskurs den Ort seines Sprechens nicht anzugeben, er demonstriert geradezu seine eigene Unmöglichkeit.“[2]

Dem postmodernen Denken zufolge ist alles Kunst – und somit auch schon wieder nicht: hermetische Lyrik genauso wie der Popsong oder der Unterhaltungsroman. Doch die Postmoderne nimmt sich selbst nicht ernst: Die postmodernen Bedingungen werden dankbar hingenommen, solange es um die Machart des Produkts geht, und verleugnet, sobald dessen Status und der seines Produzenten innerhalb der zeitgenössischen Produktion ins Spiel kommt. Dann sollen plötzlich wieder die alten Kriterien von Kunst und Nicht-Kunst gelten, dann wollen die Autoren und die Exegeten ihr Produkt sich deutlich abheben sehen aus der Masse der Kitsch- und Unterhaltungsliteratur. Die Postmoderne weigert sich, den Widerspruch zwischen der von ihr selbst postulierten Nivellierung von Kunst und Trivialität und dem Anspruch auf den Status des Kunstwerks aufzulösen, sie begnügt sich damit, ihn von außen zu benennen und meint, mit dem Hinweis auf das Problem beziehungsweise der Etikettierung ihrer Produkte als Kunst wäre die Sache fürs erste einmal erledigt.

Auch ausgehend von den mitunter als postmodern bezeichneten Werken läßt sich keine verbindliche Definition finden. Es herrscht Verwirrung: Mal gilt Elfriede Jelinek als postmodern, weil sie einen Minderheitenstandpunkt – den der Frauen – vertritt, mal die russischen Konzeptualisten, weil sie vorgefundenes Sprachmaterial persiflieren, mal Robbe-Grillet, weil er nach den Experimenten der Avantgarde die Tradition des Erzählens wieder aufnimmt. Die Zeitschrift „Zirkular“[3] berichtet über ein Symposion mit dem Titel „Die Sprache als Kunst – Österreichische postmoderne Literatur der achtziger und frühen neunziger Jahre“: „In Erweiterung der im Projektantrag erstellten Liste der zu bearbeitenden Autoren wurden Thomas Bernhard und Christoph Ransmayr in die Untersuchungen aufgenommen. Beachtenswert schienen auch Autoren aus der jüngeren und jüngsten Generation: u.a. Manfred Maurer, Werner Kofler, Matthias Schönweger, Robert Menasse, Erich Hackl, Herbert J. Wimmer, Sabine Scholl, Antonio Fian und vor allem die postmodernen literarischen Entdeckungen des Jahres 1992, Werner Schwab und Robert Schneider.“

Um all diese Autoren symposionsmäßig in den Griff zu bekommen, braucht es schon ein grobmaschiges Netz wie das des Begriffs „Postmoderne“, an dessen Stelle allerdings mit gleichem Recht auch der – wäre er nicht so unmodisch geworden und jeglicher Aura verlustig gegangen – der „Moderne“ stehen könnte!

Ein Phänomen allerdings ist eindeutig: eine gewisse Art des Schreibens, die sich ebenfalls als postmodern bezeichnet (beziehungsweise als solche bezeichnet wird), und die unter anderem von Autoren wie Umberto Eco, Christoph Ransmayr, Robert Schneider und Patrick Süskind betrieben wird, die den Markt beherrscht, und, da sie mehr Erfolg verspricht als das, was bisher als Literatur galt, zu einem dominanten und weitgehend homogenen Stil zu werden droht, zur *Koine* des ausgehenden zwanzigsten Jahrhunderts. Die Werke unter anderem dieser Autoren mögen in ihrer angeblich bewußt inszenierten Wiederholung des Trivialen postmodern sein, Literatur sind sie allein schon aufgrund ihrer Eigendefinition keine. Sie sind, wie alle Kitschphänomene des zwanzigsten Jahrhunderts, Kunsthandwerk, das sich nicht zu seiner mechanischen Machart bekennen will. Das Neuartige daran besteht einzig und allein darin, daß sie ihren Kunstanspruch mit Hilfe der angeblichen Aufhebung der Hierarchien rechtfertigen. Postmoderne Autoren wie Eco, Süskind, Ransmayr etc., von denen in der Folge die Rede sein wird und für deren Produkte der Markenname „postmoderne Literatur" weiterverwendet werden soll, auch wenn er einen Widerspruch in sich darstellt, legitimieren ihre Rückkehr zu vormodernen Erzählformen mit dem Ende der Avantgarde, die laut Umberto Eco zur Selbstauslöschung geführt hätte.[4] Sinn bekommt die Wiederholung vermeintlich durch eine krampfhafte Bemühung um Ironie.

Doch andererseits braucht das Kunstwerk auch gar nicht länger „rein" zu sein hinsichtlich trivialer Formen, wie es der strenge Formenkanon der künstlerischen Moderne (im Gegensatz zur künstlerischen Avantgarde) verlangte, sondern geht mit diesen eine fröhliche Verbindung ein. Unter diesem Aspekt sehen manche in der Postmoderne sogar die Verlängerung avantgardistischer Strömungen wie Pop-Art oder Dada, die nicht auf Abgrenzung von Alltag und Unterhaltung beharrten, sondern bei diesen Anleihen genommen haben.[5]

Postmodern ist die Literatur, von der in der Folge die Rede sein wird, allerdings insofern, als es sich dabei um ein Phänomen der Medien handelt: Nur in diesen und durch diese existiert sie. Abgekoppelt vom herkömmlichen literarischen Diskurs, illustriert sie die postmoderne These, die neuen Medien würden eine völlig neue Wahrnehmung der Wirklichkeit schaffen. Die postmoderne Literatur ist nicht mehr und nicht weniger als die Art ihrer Verbreitung.

Allein ihre Medienpräsenz garantiert für ihre Qualität. Wie die Phänomene der politischen Postmoderne, etwa die Partei Berlusconis in Italien, verdankt sie ihre Existenz einem Versprechen, nicht dessen Einlösung. Die postmoderne Strategie besteht in der Simulation von Inhalten, von politischen wie literarischen, die, da es ihr um einen größtmöglichen Konsens zu tun ist, nur konservative sein können.

Die postmoderne Literatur ist somit untrennbar verbunden mit dem Aufhebens, das um sie gemacht wird. Zum Phänomen wird sie erst aufgrund der sie begleitenden und legitimierenden Reden der sogenannten Spezialisten, der Kritiker und Rezensenten, der Germanisten, Romanisten, etc., die in den Medien ihre Bedeutung beteuern.

Dabei verabsolutiert sich die Art der Kommunikation gegenüber deren Inhalt: Medial ist die postmoderne Literatur schon insofern, als sie ihrem eigenen Anspruch nach reine Oberfläche ist, Spiel, das nie auf ein Außen verweist, sondern sich in rein ästhetischen Bezügen erschöpft. Ein postmodernes Werk kann handeln von Krieg, Tod und Zerstörung, es wird nichts von dem Grauen und dem Entsetzen transportieren, das diese Erfahrungen „in Wirklichkeit" für das Individuum bereithalten. In der technisierten Darstellung der Postmodernen verkommt selbst die grausamste Wirklichkeit noch zum schönen Schein – wie der Golfkrieg auf den Bildschirmen. Die subjektive Erfahrung des Autors ist irrelevant, die postmoderne Literatur bedient sich ausschließlich aus dem Second-hand-Laden des Literarischen, ihre Erfahrung ist eine aus zweiter Hand, wie sie bereits von anderen Autoren, anderen Diskursen bereitgestellt worden ist. Sie besticht auf den ersten Blick durch ihre Glätte und Schönheit, durch ihre vermeintliche Raffinesse und Eleganz, und langweilt schließlich durch ihre Bedeutungslosigkeit und Nichtssagendheit. Sie spintisiert, fabuliert, ergeht sich in tausendfachen Bezügen und hat im Grunde nichts zu sagen. Von anderen trivialen Produkten unterscheidet sie sich aufgrund ihres Kunstanspruchs, den sie trotz aller Simulationstheorien nicht aufgeben will und den sie mit ihrer Zitierwut rechtfertigt. Endgültig zum Kitsch wird die zum Teil gut und professionell gemachte Unterhaltungsliteratur durch das adelnde Kritikerlob, das das Abgedroschene zum Neuartigen erklärt.

Die Postmoderne ist somit ein Phänomen des *midcult,* wie ihn Umberto Eco in den sechziger Jahren beschrieb: als einen „Bastard des masscult, der als Korrumpierung der Hochkultur erscheint und ebenso wie der masscult den Wünschen des Publikums unterliegt, die Adressaten jedoch scheinbar einer privilegierten und schwierigen Erfahrung aussetzt".[6] Darin besteht das Hinterfotzige aller Diskurse à la Postmoderne: daß sie die Bedürfnisse des breiten Publikums befriedigt, jedoch so tut, als produziere sie für eine Elite. Der Ehrlichkeit der Massenkultur steht die Verlogenheit des *midcult* gegenüber, die im Gestus des Werks liegt, im Vorsatz, mit dem der Autor sein Werk verkauft. Beim Produkt des *midcult* rutscht die Werbung gewissermaßen ins Werk: Es selbst preist sich an als etwas Höheres. Der Aufsatz Ecos, in dem er dafür plädiert, diese Botschaften nicht abzuschaffen, sondern sie zu dosieren und zu vermeiden, daß sie als Kunst verkauft und rezipiert werden (wobei er übersieht, daß genau darin der Mechanismus ihres Erfolgs besteht), stammt aus den sechziger Jahren. Inzwischen, fast dreißig Jahre später, dominiert der *midcult:* Als Literatur werden fast ausschließlich Werke verkauft und rezipiert, die mehr sein wollen als sie sind. Anstelle der Aufrichtigkeit der subjektiven Erfahrung des Autors ist die Verlogenheit der Massenkommunikation getreten, die so tut, als wäre sie vor Massenkommunikation gefeit. Eco selbst hat zwei Romane geschrieben, die genau das zu bebildern scheinen, was er in den sechziger Jahren kritisch analysiert hatte. Der offizielle Diskurs über Literatur, vom Feuilleton bis zum *Literarischen Quartett,* favorisiert eindeutig die Schönfärber und Falschmünzer, er hat kein Kriterium, das es ihm ermöglichte, zwischen Kunst und Kunsthandwerk zu unterscheiden. Natürlich nicht, denn sobald es um den Verkauf geht, müssen die Bedürfnisse des breiten Publikums befriedigt werden, das nicht nur konsumieren, sondern auch „das Herz der Kultur schlagen hören“[7] möchte. Die sogenannte Postmoderne, die arglos die Aufhebung der Trennung von Kunst und Trivialität postuliert, ohne an ihre sich notwendigerweise daraus ergebende Selbstauslöschung zu denken, liefert dafür die beste Ausrede. Allerdings sind die Produkte des *midcult* raffinierter geworden und kommen nicht mehr so naiv großspurig daher wie die Ergüsse des schlechten Geschmacks, die Eco in den sechziger Jahren unter die Lupe nahm. Der Autor muß schon einen gewissen Grad an Kunstfertigkeit an den Tag legen sowie seinen Status unter Beweis stellen, um vor sich selber und vor einem anspruchsvoller gewordenen Publikum die dahinter sich auftuende Leere zu verbergen.

Die Postmoderne als Aufsteigerphänomen, als Lesestoff für ein breiter und prätentiöser gewordenes Mittelklassepublikum (dem allerdings nachgesagt wird, daß es die Lust am Lesen immer mehr verliert und dem deshalb immer anspruchslosere und unterhaltsamere, kulinarische Kost nachgereicht werden muß, um es bei der Stange zu halten), für das die Inhalte der ehemaligen Bildungseliten, klassische und literarische Mythen, aufbereitet werden. Vor allem in den deutschsprachigen Ländern sind die literarischen Proleten der siebziger Jahre mit ihren Geschichten über das triste Leben abgelöst worden von den Feinsinnigen der achtziger und neunziger Jahre, die Literatur nicht produzieren, sondern verwalten. Abgesehen davon, daß bereits ihre Themen darauf hinweisen, daß sie nichts mehr mit den Orten zu tun haben wollen, an denen gearbeitet wird, sind sie auch in Hinsicht auf ihre literarische Laufbahn Quereinsteiger. Literarische Arbeit, Arbeit an der Sprache, am Stil, Erarbeitung einer eigenen Sprache und eines eigenen Stils, die sich niederschlagen würden als literarische Entwicklung, ablesbar anhand diverser Publikationen, sind obsolet geworden. Die postmodernen Autoren treten aus dem Nichts auf, als bereits fertige Autoren mit einem fertigen (vorgefertigten) Stil, den sie sich in ihrem früheren Leben als Journalisten, Universitätsprofessoren, Drehbuchautoren etc. angewöhnt haben und den sie ihrem Publikum als wenn schon nicht originären, so doch originellen anzudrehen versuchen.

Die Ergebnisse gehen in zwei Richtungen: Einerseits die Werke von Autoren wie Umberto Eco, Patrick Süskind oder Victoria Byatt, Journalisten mit Bildungsanspruch, die mangelnde sprachliche Arbeit mit aufgepapptem Bildungsgut kompensiert haben wollen, oder der bereits schon wieder in Vergessenheit geratene Roman „Lemprières Wörterbuch“ von Lawrence Norfolk, bei dem sich das stilistische Fiasko besonders peinlich zu Buche schlug, als in der Bundesrepublik plötzlich namhafte Übersetzer Protest einlegten und auf eine mangelhafte Übersetzung voller Stilblüten hinwiesen, die keinem der deutschsprachigen Rezensenten als Manko aufgefallen war. Offenbar sind es genau die Stilblüten, die die Kritiker an den postmodernen Autoren schätzen!

Und andererseits Autoren wie Ransmayr und Schneider: literarische Antimoderne, die den Mief der Waggerls und Fusseneggers abgestreift zu haben glaubt, obgleich sie wie diese den Anspruch vertritt, Kunst zu produzieren, ohne die aktuellen Voraussetzungen der Kunstproduktion zu reflektieren. Sie möchte mit den Mitteln von gestern Kunst von heute machen. Mit Hilfe des Zitats inszeniert sie eine literarische Vergangenheit, die es so nie gegeben hat, dem Leser jedoch das Gefühl vermitteln soll, die bessere, gehaltvollere Literatur zu sein, da sie ihm mit ihrer anheimelnden Art die Strapazen der modernen Befindlichkeit erspart.

Insofern ist die Postmoderne, auf ihre literarischen Produkte bezogen, kein Zustand nach der Moderne, sondern eine stets präsente (pseudo-literarische) Haltung innerhalb der Moderne. Die Postmoderne ist die Kehrseite der Moderne, die, so Adorno, eine qualitative Kategorie ist, keine chronologische. Auch wenn Eco scherzhaft feststellt, die Postmoderne ließe sich inzwischen bis zu Homer rückdatieren,[8] ist diese vielmehr angewiesen auf ein Massenpublikum, auf die sich erst unter kapitalistischen Verhältnissen voll herausbildende Kluft zwischen elitärer Kunst und Unterhaltung, von der die postmoderne Literatur behauptet, sie in Form der „Doppelcodierung“ geschlossen zu haben. Erst die Moderne erfordert eine Haltung, die künstlerische Errungenschaften zum Konsum bereitstellt, die dem breiten Publikum das Gängige als Elitäres anpreist. Zahlreiche moderne Autoren haben ihre eigene persönliche Postmoderne begründet beziehungsweise ihren eigenen Ausverkauf vorangetrieben: der italienische Dichter Gabriele d'Annunzio zum Beispiel, der parallel zu seinen experimentellen Arbeiten, in denen er die Einflüsse der nichtitalienischen Avantgarde verabeitet, Romane schreibt, in denen er der italienischen Bourgoisie aristokratischen Lebensstil vorgaukelt. Oder Hemingway, der in „Der alte Mann und das Meer“ die Stilmittel seiner frühen Werke verdünnt und aufgewärmt verkauft. Nichts eignet sich besser für den kommerziellen Gebrauch als das Alterswerk, wenn sich die stilistische Disziplin erschöpft hat und der Autor sich nach der Anerkennung sehnt, die er für seine tatsächlich geleistete Arbeit nie bekommen hat.

Mit der Rede, sie würde sowohl den naiven als auch den anspruchsvollen Leser zufriedenstellen, reklamiert die Postmoderne Leistungen für sich, die die Moderne längst vollbracht hat: Jedes Kunstwerk ermöglicht, wie Eco selbst gezeigt hat,[9] naive und gelehrte Lesarten, vereinigt intellektuellen und sinnlichen Genuß, ist unterhaltsam und lehrreich zugleich. Nicht alles, was unterhaltsam oder lehrreich ist, ist deshalb allerdings auch automatisch Kunst – andererseits, wie will die Postmoderne das Kunststück vollbringen, lehrreich oder auch nur unterhaltsam zu sein, wenn sie bloß das Altbekannte wiederholt?

Indem sich die postmoderne Literatur auf die These stützt, sie operiere in einer Zeit, die, da sie mit einem total anderen Sein und einem total anderen Bewußtsein einhergehe, auch eine total andere Kunst erfordere, feiert sie den Sieg des Gegebenen und nimmt sich jede Möglichkeit der Kritik. Sie glaubt, das Bewußtsein des postmodernen Ich würde allein durch die neuen Produktionsmittel, durch die Medien, definiert, deren Wahrnehmungsmodalitäten sie sich mimetisch anverwandeln soll, ohne sie kritisch zu durchleuchten – womit sie allerdings das Terrain der Postmoderne schon wieder verlassen hätte –, und ohne zu bedenken, daß eine derartige, total veränderte Wahrnehmungsweise die Produktion von Kunst, auch die eigene, hinfällig machen würde, so wie die Thesen vom Tod des Subjekts oder vom Verschwinden des Gegensatzes von Sein und Schein zugunsten des Simulakrums (Baudrillard) ebenfalls von einer Ebene aus sprechen, die sie selbst für abgeschafft erklären. Unter diesem Aspekt gelesen ist die Postmoderne, theoretisch wie in ihrer künstlerischen Praxis, eine gigantische Maschinerie zur Verleugnung der Wirklichkeit. Die *virtual reality* ist aufgerufen, die subjektive, körperliche Erfahrung des Individuums zu ersetzen.

Verleugnet wird unter anderem, daß wir, wenn schon nicht in Zeiten der Postmoderne, so doch zu einem Zeitpunkt leben, in dem die Moderne ihren Höhepunkt überschritten hat. Die entscheidenden gesellschaftlichen und kulturellen Leistungen des Jahrhunderts sind vollbracht. Jeder, der Ende des zwanzigsten Jahrhunderts ein Gedicht, einen Roman, ein Theaterstück schreibt, muß sich damit abfinden, daß er dies in gewisser Weise als Epigone tut und nicht mit der innovativen Kraft eines Joyce oder Kafka. Das „Ende der Geschichte" ist allenfalls als Metapher zu lesen, denn die gesellschaftlich-ökonomischen Verhältnisse sind seit dem letzten Modernisierungsschub der Nachkriegsjahre, der die vorläufig letzten ernstzunehmenden Innovationen innerhalb der europäischen Literatur hervorgebracht hat, so stabil, daß sie nicht nach einer neuartigen Ästhetik verlangten, und die Kunst ist nicht in der Lage, allein aus sich heraus Neuerungen hervorzubringen, allen Versuchen zum Trotz, ihr eine solche Kraft eines *perpetuum mobile* zuzuschreiben.[10] Was also tun in einer Situation, in der im Grunde nicht mehr alles, sondern gar nichts mehr geht? Entweder der Autor hält die Kränkung aus, nicht aus dem vollen schöpfen zu können, und begnügt sich damit (was nicht wenig ist), die bislang erarbeiteten Techniken so weit zu modifizieren, als es für die Erfahrung von Wirklichkeit notwendig ist. Doch das heißt Arbeit und von der bekommt man bekanntlich nur Schwielen an den Händen. Oder man macht aus der Not eine Tugend, wie die postmodernen Autoren, und erklärt die Übernahme eines fremden, unmodifizierten Stils zur wahren Innovation, zur Strömung des ausgehenden zwanzigsten Jahrhunderts.

Andererseits scheint die „Postmoderne“ als Bezeichnung eines modischen Trends auch schon wieder ihre Anziehungskraft verloren zu haben. „Die Postmoderne ist tot“, schreibt die FAZ im Jänner 1994. Das Etikett wechselt, unter dem ein gewisses Produkt verkauft wird, doch wird es zweifellos auch weiterhin angeboten werden. Zu groß ist der Bedarf des Kulturbetriebs an Biederem, das sich als kühn ausgibt. Auch wenn die „Doppelcodierung“ in Vergessenheit gerät, so beharrt man auch weiterhin auf die Qualität der „Unterhaltsamkeit“, mit der der Leser bei der Stange gehalten werden soll. Die, die ständig das Wort von der Unterhaltsamkeit der Literatur im Mund führen, sorgen sich allerdings weniger um die Literatur als um den Käufer. Zuletzt wurde dem dänischen „Bestsellerautor“ Peter Høeg von der FAZ bescheinigt, das für postmoderne Zeiten so wichtige Kunststück zusammengebracht zu haben, „sowohl den naiven als auch den mit allen Wassern der Lektüre gewaschenen Leser“ zufriedenzustellen. (Nicht minder wichtig für die Inszenierung erscheint, daß Høeg, der bereits als solcher etikettierte „Bestsellerautor“ sich nach außen hin dem Betrieb entzieht. Kein Fax, kein Telefon, erfährt man aus dem Feuilleton, und wie Patrick Süskind oder Botho Strauß verweigere auch Peter Høeg notorisch jedes Interview. Je höher die Auflagen, desto aristokratischer die Lebensführung.) Daß der Begriff „Postmoderne“ in dieser Rezension schon nicht mehr gefallen ist, mag ein Hinweis darauf sein, daß das Produkt bald unter einem anderen Namen geführt werden wird, unter dem Motto: Die Mode ist die Wiederkehr des Ewiggleichen.

Der folgende Text versucht, ausgehend vom Produkt „postmoderne Literatur“ vor allem die Haltungen zu beschreiben, mit denen diese einhergeht. Das heißt – anders als in den meisten einschlägigen Publikationen, die sich dem Thema allerdings affirmativ und nicht kritisch nähern –, nicht anhand vorgefertigter Kriterien zu messen, ob eine gewisse Literatur nun postmodern zu nennen ist oder nicht, sondern das Phänomen samt seiner Hintergründe und etwaiger Ursachen auszuloten. Ausgehend von den Texten (postmoderner Flaggschiffe wie Eco, Süskind oder Ransmayr, aber auch anderer, die – nicht unbedingt als postmodern bezeichnet – dennoch dieselben Merkmale aufweisen), vor allem aber anhand der sie begleitenden Theorien, anhand ihrer Rezeption und ihrer Stellung im zeitgenössischen Kulturbetrieb. Und von einem Standpunkt aus, der nur ein moderner sein kann, denn würde man die Existenz der Postmoderne anerkennen, müßte sich auch der Kritiker zum affirmativen Schweigen verurteilen. Die literarischen Beispiele, die dafür gewählt werden, sind symptomatisch, wenn auch nicht zwingend. An ihrer Stelle könnten auch andere stehen, was kein Beweis für die Beliebigkeit der kritischen Methode, sondern für die Austauschbarkeit der sogenannt postmodernen Werke ist.

Von der Utopie zur Idylle

Die Utopie ist tot, heißt es, desavouiert aufgrund der Taten, die in ihrem Namen begangen wurden. Selbst ihren ureigensten Ort, die Literatur, scheint sie verloren zu haben, denn die will in Zeiten der Postmoderne das Unmögliche nicht denken, sondern sein: der geglückte Brückenschlag zwischen den elitären Kunstansprüchen der einen und den Unterhaltungsbedürfnissen der anderen.

An der Schwelle zur Neuzeit hatte Francesco Petrarca sein utopisches literarisches Projekt folgendermaßen und bereits sehr modern formuliert: *Wenn Liebe oder Tod mich nicht daran hindern, werde ich die eine mit der anderen Wahrheit paaren.*[11] Der Dichter der anbrechenden Renaissance mag dabei in erster Linie an den Gegensatz von Christentum und heidnischer Antike gedacht haben, doch läßt sich die Interpretation seines Verses auf alle Gegensatzpaare wie Natur/Kultur, Körper/Geist ausdehnen, die die abendländische Zivilisation errichtet hat. Demnach: Wenn Liebe oder Tod mich nicht daran hindern, werde ich versuchen, den utopischen Zustand der wiedervereinten Gegensätze herzustellen.

Petrarca formuliert seinen Wunsch in der Möglichkeitsform. In dem Augenblick, in dem er sein Projekt realisiert, spricht er von dessen eventuellem Scheitern. Nicht zufällig sind Liebe und Tod aufgerufen, sein utopisches Projekt zu verhindern: nicht nur auf einer banalen Ebene, indem sie ihm keine Zeit dazu lassen, sondern indem sie es erübrigen. Wie die Literatur stellen Liebe und Tod einen (imaginierten) Ausnahmezustand dar, in dem die Trennungen aufgehoben, Subjektivität und Objektivität keinen unheilbaren Widerspruch mehr darstellen. Petrarca wird also seine Utopie in der Liebe oder im Tod finden oder in der Literatur, die die Utopie nicht nur inszeniert, sondern gleichzeitig von ihrer Unmöglichkeit spricht.

Ganz anders die Postmoderne: Sie spricht von ihrem Projekt nicht in der Möglichkeitsform, sondern in der Vergangenheit. Sie glaubt es bereits verwirklicht, als Resultat vorliegen zu haben.

Der zu lösende Widerspruch stellt sich der Postmoderne, die vom breiten Publikum rezipiert werden möchte, ohne dafür den elitären Anspruch aufgeben zu müssen, vor allem als der zwischen Kunst und Unterhaltung dar. Sie postuliert, die Spaltung aufgehoben zu haben, in ein- und demselben Werk beidem gerecht zu werden. Von der Moderne unterscheidet sie sich dabei nicht im Anspruch, sondern in der Ausführung. Auch wenn sich die Avantgardeströmungen des zwanzigsten Jahrhunderts durch die Verwendung trivialen Materials auszeichnen,[12] gehen sie damit auf grundlegend andere Weise um als die Postmoderne: Jede innovative Kunstrichtung legitimiert sich durch die Vermischung kulturellen und außerkulturellen (trivialen) Materials, wobei „Innovation" (die man durchaus als Synonym für „Utopie" verstehen kann, allerdings als radikal entideologisierte und entemotionalisierte, auf ihre reine Funktionsweise reduzierte),[13] der Garant für Kunst, jedoch gewährleisten muß, daß Kulturelles und Außerkulturelles die Plätze wechseln. Kunst ist immer auch Zerstörung, ein Angriff auf das, was bisher als Kunst galt. Während dieses dem profanen

Raum anheimfällt, etwa als Klassiker kommerzialisiert wird, wird das, was bisher als kulturell wertlos galt, in den Bereich der Kunst aufgenommen. Boris Groys sieht Duchamps „ready-mades" das Modell der künstlerischen Innovation schlechthin: die Tatsache, daß das Triviale, ein Objekt des profanen Raums, etwa ein Urinoir, in den Bereich der Kunst eingeführt wird, stellt einen massiven Angriff auf die gängige Auffassung von Kunst dar, wodurch die Grenze zwischen „kulturell Valorisiertem" und „Profanem" aufs neue und provisorisch festgelegt wird. Als innovativ gilt demnach nur das Werk, das „sich jeder eindeutigen Aufteilung in Kunst oder Nicht-Kunst entzieht", das „weder den traditionellen Kritierien der Kunst genügt, noch eindeutig dem profanen Raum angehört, (...) aber die Charakteristika beider in sich aufnimmt und ihr Verhältnis zueinander thematisiert".[14] Auch dieser Definition zufolge steht die Trennlinie zwischen Profanem und Kulturellem nie ein- für allemal fest, sondern wird mit jedem Kunstwerk neu gezogen. Der Graben zwischen Kunst und Nicht-Kunst wird, indem er an einer Stelle geschlossen wird, an einer anderen neu aufgerissen. Die Postmoderne hingegen glaubt, innovativ sein zu können, indem sie bewußt auf Innovation verzichtet. Sie zerstört nichts, weshalb sie auch nichts neu aufbauen muß, worin jedoch der kreative Akt bestünde. Sie meint, die Objekte des profanen Raums, auf die sie zurückgreift – die trivial gewordenen vormodernen Erzählformen, die literischen Mythen – seien allein deshalb schon Kunst, weil sie es einmal waren, und nicht, weil sie sie dazu macht. Wie alle konventionellen Strömungen oder Unterhaltungsliteratur schlechthin verzichtet die Postmoderne auf die Umwertung der Werte und zementiert somit eine einmal gezogene Trennlinie als ewige.

In der „Nachschrift zum Namen der Rose"[15] setzt Eco

„Unterhaltsamkeit" mit der „Rückkehr zur Handlung" gleich: Da selbst die Strategien der Avantgarde ihre Provokationskraft verloren hätten und somit der Eklat nicht länger ein Garant künstlerischer Qualität sein könne, sei diese selbst zu „Honig für Augen und Ohren" geworden (was, nebenbei gesagt, gar nicht so sicher ist, solange zum Beispiel die Wiener Philharmoniker sich rechtfertigen müssen, wenn sie auf Auslandstourneen Schönberg spielen). Indem Eco eine einmal zwischen Avantgarde und Tradition gezogene Trennlinie als absolut setzt, ruft er die *posthistoire* der Literatur aus: Von nun an gibt es keine Veränderungen mehr, von nun an bleibt alles gleich! Wozu er zwei Tatsachen unter den Tisch fallen lassen muß: Daß erstens das Schicksal jeder ursprünglich fortschrittlichen Haltung darin besteht, zu veralten und von einer neuen Avantgarde abgelöst zu werden, und daß zweitens die Verabsolutierung einer derartigen Trennlinie jedes künstlerische Schaffen, auch das eigene, dem entropischen Bereich des Gefälligen anheimfallen läßt, in dem es nur die Wiederholung des Ewiggleichen und somit auch keine Unterscheidung in Kunst und Nicht-Kunst geben kann. Die Postmoderne will Kunst machen – unter (von ihr selbst propagierten) Voraussetzungen, die Kunst für unmöglich erklären. Sie übersieht dabei, daß der Verzicht auf Utopie, auf Innovation, einem Verzicht auf Kunst gleichkommt. Allerdings scheint es selbst in dieser postmodernen Situation, in der alle Hierarchien hinfällig geworden sind, nach wie vor welche wie Eco zu geben, die quasi per Dekret befugt sind, „wahre" Kunst als solche zu erkennen und zu produzieren.

Bereits in den sechziger Jahren hatte Leslie Fiedler einen vielzitierten, als Plädoyer für die Postmoderne gemeinten Aufsatz mit dem programmatischen Titel: „Überquert die Grenze, schließt den Graben"[16] geschrieben. Einmal abgesehen davon, daß er darin den Begriff des Künstlers als „Doppelagenten" prägte, der auf beiden Seiten der Mauer, im Kunst-Sektor wie im Unterhaltungs-Sektor tätig zu sein habe (womit er deren Bestand wohl eher zementierte als sie zu untergraben!), trat er darin für die Aufwertung der massenmedialen und der populären Kunst ein. Egal, ob das beschriebene Ergebnis, die Popart (die wie jede innovative Strömung das Verhältnis von Kulturellem und Profanem neu definierte) nun modern oder postmodern zu nennen ist, auffällig ist eines: die Endgültigkeit, mit der die Theoretiker der Postmoderne ihre Bemühungen belohnt sehen möchten: „Auch die anderen von der Jugend im Augenblick geschätzten Schriftsteller sind sich im klaren darüber, daß es ihre wichtigste Aufgabe ist, solche Unterscheidungen ein- für allemal zu zerschlagen ... Die Vorstellung von einer Kunst für die ‚Gebildeten' und einer Subkunst für die ‚Ungebildeten' bezeugt den letzten Überrest einer ärgerlichen Unterscheidung innerhalb der industrialisierten Massengesellschaft, die nur einer Klassengesellschaft zustünde."[17]

Während die Moderne nicht daran zweifelt, daß Kunst in ihren utopischen oder innovativen Momenten eine Bewegung ist, eine immer wieder aufs neue zu vollziehende Annäherung – das „Denken des Unmöglichen"[18] –, glaubt die Postmoderne, das Unmögliche bereits vollbracht zu haben. Sie reklamiert für sich, den Graben nicht nur schließen zu können, sondern bereits ein- für allemal geschlossen zu haben, und zwar nicht nur in der Kunst, sondern auch im Leben: kategorial, kraft des guten Willens, keine Unterscheidung in E und U mehr zuzulassen – im offenen Gegensatz zu einer Wirklichkeit, die keinerlei Anlaß gibt, nicht von einer Klassengesellschaft, von Gebildeten und Ungebildeten zu sprechen. Auf diese Weise entsteht ein Zwischenreich, in dem die Kunst wie durch höheren Beschluß auf immer und ewig festgenagelt zu sein scheint und das von jedem Neuankömmling gefahrenlos besiedelt werden kann: Wer sich hier niederläßt, ist automatisch ein Künstler, was ein eventuelles Scheitern von vornherein ausschließt. Wendet sich ein etablierter literarischer Autor trivialen Genres zu, werden diese – so Leslie Fiedler – automatisch zur hohen Kunst, schreibt Frank Zappa oder John Lennon Gedichte, adelt das Genre den Autor. Wie bei einer Multiplikation mit dem Faktor Null alles Null wird, wird bei der Multiplikation mit dem Faktor Kunst alles Kunst. Daß die Spaltung in E und U, in gebildete und ungebildete Schichten, in keiner Weise und schon gar nicht von der Postmoderne abgeschafft wurde, beweist allerdings schon das von ihr selbst aufgestellte und nie hinterfragte Postulat, das Kind der Vermählung zwischen E und U müsse immer auf der einen Seite des für abgeschafft erklärten Grabens, nämlich auf dem der Kunst zur Welt kommen. Warum nicht auch einmal auf der der Unterhaltung, die ja im Bewußtsein der Postmodernen der Kunst gegenüber nicht als zweitrangig gelten dürfte, oder warum wird es nicht, was einzig logisch wäre, zu etwas Neuem, Dritten, das die bisher gültigen Unterscheidungen hinter sich gelassen hätte?

Die Beschwörungen der Kunstkritiker und -theoretiker widerlegen noch vor allen anderen ihr eigenes Postulat, daß die Unterscheidung der Kategorien in unserer alltäglichen Praxis hinfällig geworden sei. Und der Kulturbetrieb schätzt als Kunst nach wie vor Werke, die, wenn sie schon keine sind, sich doch als solche gerieren, während die trivialen Produkte, die ihren Anspruch offenbar nicht raffiniert genug stellen, unter den Tisch fallen. So werden zum Beispiel Süskind und Ransmayr gegen Simmel ins Treffen geführt:

Erstere verstünden es, beim Leser ein Gefühl der Beklemmung hervorzurufen, während Simmel doch bloß ein Schundautor sei.[19] Diese unter den deutschsprachigen Feuilletonisten des öfteren anzutreffende Haltung übersieht, daß sie, indem sie Süskind und Ransmayr in einem Atemzug mit Simmel nennt, bloß bestätigt, daß die beiden die aktuellere, modischere Variante des „Schundautors" sind. Und die postmodernen Autoren selbst wollen am allerwenigsten darauf verzichten, als Eisberge der Authentizität aus dem Meer des Trivialen herauszuragen. Sie postulieren, eine Literatur, die das Versöhnliche zitiert, sei selbst nicht mehr versöhnlich, sondern ganz im Gegenteil – und durchaus im Sinne traditionell moderner Kunsttheorien – beunruhigend und verstörend. „Ein breites Publikum zu erreichen und seine Träume zu bevölkern", schreibt Eco, müsse nicht heißen, die Leser „zu besänftigen, mit versöhnlichen Bildern zu trösten. Es kann auch heißen, sie aufzuschrecken: mit Alpträumen, Obsessionen."[20] Oder Antonio Tabucchi: „Die Literatur darf weder Illusionen noch Trost liefern. Sie muß beunruhigen und alarmieren."[21] Eine Literatur, die sich darauf beschränkt, dem Trivialen den Anstrich des Kunstvollen zu geben, setzt sich scharf ab gegen alles „naiv" Triviale. Die postmoderne Literatur wird somit zur Geste, zum esoterischen Akt. Der Club der Eingeweihten glaubt zu wissen, daß es sich um eine bewußt gesetzte Trivialität handelt, um einen willentlichen Akt, der nur so tut, als ob er wäre, was er wirklich ist. Die Eingeweihten glauben, die Sirenen singen zu hören, ohne sich dafür an den Mast fesseln lassen zu müssen. Die Nicht-Eingeweihten hingegen rudern mit verstopften Ohren, von den Sirenen genauso unbehelligt wie von Reich-Ranicki.

Auf den Begriff gebracht wird der Anspruch, „Gebildete" und „Ungebildete" endgültig unter einem gemeinsamen

Dach vereint zu sehen, von der „Doppel"- oder „Vielfachcodierung"[22] (ein von Charles Jencks geprägter, aus dem Bereich der Architekturtheorie in den der Literaturkritik übernommener Begriff), womit der fromme Wunsch des postmodernen Werks gemeint ist, auf verschiedenen Ebenen wahrgenommen und konsumiert zu werden, sowohl die Elite als auch das breite Publikum anzusprechen. Der „doppelte Code" heißt es, sei die Antwort auf das „Versagen der Moderne", die einen nur Spezialisten zugänglichen Formenkanon geschaffen habe, der es der Masse der Konsumenten unmöglich mache, mit einem Kunstwerk zu kommunizieren.

Mit der „Doppelcodierung" rennt die Postmoderne offene Türen ein. Jedes (moderne) Werk ist „vielfach codiert" beziehungsweise vielfach interpretierbar, auf sinnlicher und auf intellektueller Ebene rezipierbar, wie Eco in seiner in den sechziger Jahren entwickelten Theorie vom „offenen Kunstwerk"[23] nachgewiesen hat, die die Rezeption des Lesers/Betrachters als konstitutives Element des ästhetischen Prozesses miteinbezieht und somit so viele Lesarten wie Leser vorsieht. Worin besteht nun der Unterschied zwischen der „Vielfachcodierung" und der unerschöpflichen, immer wieder zu neuen Interpretationen einladenden Vielschichtigkeit des „offenen Kunstwerks"? Hat nicht Eco selbst mit seinen beiden Romanen seine Theorie in die Praxis umgesetzt?

Nein. Denn Eco stellt ebenfalls fest, „Offenheit" allein sei noch kein Garant für Kunst, sondern Merkmal jeglicher Botschaft. Der Satz „Ich komme aus Bagdad" hat für einen Leser der „Geschichten aus Tausendundeiner Nacht" eine andere Bedeutung als für jemanden, der weiß, daß Bagdad im Golfkrieg von den Amerikanern bombardiert wurde, ist aber allein deshalb noch kein Kunstwerk. Ein Kunstwerk hingegen ist nur „offen“, „solange es Kunstwerk bleibt, jenseits dieser Grenze wird die Offenheit zum *Rauschen“*, zur Beliebigkeit der Information.[24] Auch dieser Definition zufolge ist die Neuorganisation des Materials das Kriterium für Kunst, im Gegensatz zur „Wahrscheinlichkeit“, zur Voraussehbarkeit des Altbekannten. Das „Rauschen“ des postmodernen Werks besteht in genau jener „Wahrscheinlichkeit“, die zugunsten der leichten Erkennbarkeit der Bezüge darauf verzichtet, zu einer neuen Ordnung zu finden. Die Dialektik zwischen Altbekanntem und Neuorganisation weicht beim postmodernen Werk, das auf verschiedenen Ebenen rezipiert werden will, einer bloßen Addition vieler unverbundener Teile: Indem es etwa von sprachlichen Experimenten ungetrübtes Lesevergnügen für das breite Publikum garantieren als auch die für die sogenannten Spezialisten, Germanisten und Rezensenten, unerläßlichen kulturellen Anspielungen bereitstellen möchte, produziert es erst recht den kulturellen Müll, den es so gerne überwunden hätte. Das Neuartige der postmodernen Literatur, die sich, obwohl sie sich darauf beschränkt, von anderen literarischen Diskursen erarbeitete Methoden zu übernehmen, nicht mit dem Status des Trivialen zufriedengibt, besteht in ihrem Publikum, das von Charles Jencks als Para-Klasse (also doch Klasse!) des „Cognitariats“[25] bezeichnet wird: als Masse von Konsumenten, die im Vergleich zu den bisherigen Konsumenten trivialer Produkte über höheres Einkommen, mehr Freizeit und vor allem bessere Schulbildung verfügen und sich mit den altmodisch gewordenen Produkten der Unterhaltungsindustrie nicht länger abspeisen lassen. Sattdessen werden sie mit den Abfallprodukten einer Kultur, die nie die ihre war, beglückt. Das Cognitariat ist eine Para-Klasse von Parvenues, die passiv konsumierend an der Kultur teilhaben wollen. Verändert hat sich nicht die Art der Teilhabe, sondern die Inhalte und die Art der Darbietung, die dem gehobenen Lebens- und Bildungsstandard der neuen und zahlreicher gewordenen Käufer angepaßt werden müssen.

Zumeist geht dabei nicht nur die Kunst, sondern auch die Unterhaltsamkeit verloren. Postmoderne Literatur ist zuweilen schlichtwegs fad – vor allem dann, wenn sie das Bildungsgut, das sie transportiert, nicht derart einebnet und verflacht, daß es dem „ungebildeten" Leser gar nicht mehr als solches auffällt (wie dies etwa bei Süskind oder Ransmayr der Fall ist), während es dem „gebildeten" mit Begriffen wie „Intertextualität" oder „ironisches Zitat" schmackhaft gemacht werden soll. Romane wie Ecos „Der Name der Rose" oder Norfolks „Lemprières Wörterbuch", die das Bildungsgut, das sie vermeintlich zu Literatur macht, nicht diskret unter den Tisch fallen lassen, sondern wie ein Banner vor sich hertragen, verdanken ihren Erfolg nicht nur der Werbeabteilung ihrer Verlage, sondern vor allem der Erpreßbarkeit der „Ungebildeten", die sich nie blamieren würden, indem sie die Brosamen, die vom Bankett der Reichen für sie übrigbleiben, als Abfall bezeichnen.

Eine wesentliche Rolle bei der vermeintlichen Einlösung des Kunstanspruchs spielen die Rezensenten: Sie sind es, die der Verwendung des Bildungsguts jene Vergegenwärtigung nachsagen müssen, die der Autor wohlweislich unterlassen hat. Denn würde dem Mythos – ob er nun *Narziß* oder *Fräulein von Scudery* heißt – jene Konkretheit zurückgegeben, die er längst verloren hat, würde er vom Begriff wieder zum Wort werden, wäre er nicht mehr einfach als solcher erkennbar. Die Rezensenten haben die Aufgabe, dem Autor die angeblich bewußt inszenierte Imitation nachzusagen, damit dessen Text nicht in seiner augenscheinlichen Trivialität, sondern in seiner angeblichen

Vielschichtigkeit rezipiert wird, sie haben ihre Hand für die Aura des Literarischen ins Feuer zu legen, mit der sich die meisten postmodernen Autoren zu umgeben wissen und die stellvertretend für das Werk bürgen soll. Die Tatsache, daß ein Autor Tuchfühlung mit den Großen der Weltliteratur hat – Antonio Tabucchi mit dem von ihm übersetzten und bis in die Themen und Stimmungen hinein imitierten Fernando Pessoa, während bei Patrick Süskind schon ein Vater reicht, der laut Klappentext mit Klaus und Erika Mann Kontakt pflegte – genügt offenbar als Garantie, daß auch das eigene Werk wie durch Handauflegen zu Weltliteratur wird. Autoren und Kritiker haben ihre alte Feindschaft begraben und promoten Schulter an Schulter das von ihnen gemeinsam in Umlauf gesetzte Produkt. Zum Dank, daß ihnen die Postmoderne Texte liefert, anhand derer sie die einmal eingeübten Kriterien beibehalten dürfen, rühren die Kritiker die Werbetrommel, ihre Redseligkeit verhält sich indirekt proportional zu ihrem Schweigen angesichts nicht-postmoderner zeitgenössischer Literatur. „Doppelcodierung" auch hier: Während das Etikett „Fälschung" oder „Imitation" ausschließlich für die vermeintlichen Spezialisten mitgeliefert wird, für die Leser des Feuilleton etwa, rezipieren die „ungebildeten Leser" den postmodernen Text wie jeden anderen vergleichbaren auch: als mehr oder weniger spannende Unterhaltung.

Insofern ist die postmoderne Literatur höchst zeitgebunden, nicht, weil sie sich der augenblicklich avanciertesten Mittel bedient, sondern weil ihr diese von einer Schar Wohlgesinnter ständig nachgesagt werden müssen. Fällt dieser für sie unerläßliche Hintergrund weg, geht auch ihre Wirkung verloren.

Dem Anspruch, den die Postmoderne formuliert – auf verschiedenen Ebenen rezipiert zu werden, sowohl sinnlichen Genuß als auch intellektuelle Erkenntnis zu bieten – und den die Moderne längst eingelöst hat, kann diese nie gerecht werden. Vielmehr besiegelt sie die Trennung, die sie auf diese Weise aufgehoben haben möchte.

Genauso wie mit der „Offenheit“ verhält es sich mit der „Unterhaltsamkeit“, zu der die Postmoderne nach den angeblich so faden Experimenten einer sprach- beziehungsweise gesellschaftskritischen Literatur zurückgefunden haben will. Es ist so banal wie wahr: Bloß „unterhaltsam“ ist schnell etwas, genauso wie in Ecos Definition „Offenheit“ die Eigenschaft jeglicher Botschaft ist – „offen“ beziehungsweise „unterhaltsam“ ist ein Kunstwerk aber nur, solange es Kunstwerk bleibt. Die Postmoderne allerdings verzichtet, um ihre Vorstellung von „Unterhaltsamkeit“ durchzusetzen, auf das Kriterium des Literarischen.

Besteht ja das Literarische – beziehungsweise das Utopische der Literatur – in der Aufhebung auch dieser oder gerade dieser Trennung von Arbeit und Vergnügen. Während jede Literatur, „die etwas taugt“ (Adorno), Wissen dichterisch umsetzt, beziehungsweise Erkenntnis aus der Lust der Lektüre gewinnen läßt, nimmt die Postmoderne die Unterscheidung von Arbeit und Vergnügen als unumstößliche hin, um stolz zu verkünden, ausgerechnet ihr sei es gelungen, die beiden Pole zusammenzufügen, indem sie sie nebeneinander hinstellt. Den einen, den Ungebildeten, will sie Lesefutter zur Verfügung stellen und den anderen, den Gebildeten, Wissen und Gelehrsamkeit, womit sie das Getrennte endgültig auseinanderdividiert. Während es immer schon Aufgabe und Privileg der Literatur war, Arbeit als Vergnügen zu inszenieren, ruiniert sich die Postmoderne auch das Vergnügliche, das, aus seinem Verhältnis zur Arbeit befreit, nur noch fad sein kann.

Womit die „Doppelcodierung“ offenbart, was sie mit

der Doppelmoral gemeinsam hat, daß nämlich nach außen hin ein Anspruch vertreten wird, der nach innen hin nie eingelöst werden kann, solange die „Spaltung die Wahrheit ist ... und der Gegensatz (sich) am wenigsten versöhnen läßt, indem man die leichte Muse in die ernste aufnimmt oder umgekehrt".[26]

Das postmoderne Werk erspart sich genau jene Arbeit, die es zu einem innovativen machen würde: Die fehlende Spannung zwischen den Polen des kulturell Wertvollen und des kulturell Wertlosen schlägt sich als Harmonie zu Buche. Die Utopie wird als Idylle zum Schweigen gebracht. Die postmoderne Literatur weigert sich, literarische Arbeit im eigentlichen Sinn – die Arbeit am Wort – zu leisten. Sie glaubt, allein Bildungsgut in einen sprachlich trivialen Text einzuarbeiten, hieße, diesen vor Trivialität zu bewahren. Anstatt dieses in Dichtung umzusetzen, meint sie, das Vergnügen am Text mit dessen leichter Lesbarkeit, mit *suspense* und Handlung legitimieren zu können und nicht mit der sinnlichen Qualität des Dichterischen. In der „Nachschrift" begründet Eco diesen Verzicht folgendermaßen: „Ich entdeckte nämlich, daß ein Roman zunächst einmal gar nichts mit Worten zu tun hat. Das ‚Schreiben' eines Romans ist ein kosmologischer Akt, wie der, von welchem die Genesis handelt."[27]

Hin und wieder findet sich allerdings ein altmodischer Leser, der dies als Mangel empfindet. Ebenfalls in der „Nachschrift" berichtet Eco, eine Freundin hätte ihm nach der Lektüre des Manuskripts mitgeteilt, ihr sei der journalistische Ton der Erzählung aufgefallen, der nicht einem Roman, sondern einem „Espresso"-Artikel entspräche. Doch derartige Angriffe auf die Literarizität des eigenen Werkes sind schnell vom Tisch gefegt: „Ich war zunächst betroffen, dann ging mir allmählich auf, was sie erfaßt hatte, ohne es zu begreifen. So nämlich erzählten die Chronisten jener Epoche, und daß wir heute bei Reportagen noch gern von Chroniken sprechen, liegt daran, weil man damals so viele Chroniken schrieb.“[28]

Adorno konnte ein Charakteristikum der Unterhaltungsindustrie noch darin erkennen, daß ihre Produkte stets um den Koitus kreisen, dieser jedoch weder ausgeführt noch gezeigt werden darf. Das hat sich im Zuge der Libertinage natürlich geändert, doch in gewisser Weise trifft diese Beschreibung noch immer zu: Während Literatur, „die etwas taugt“, das Triebhafte inszeniert und gleichzeitig zensiert, bestätigt Trivialliteratur den Leser in seiner Hoffnung, er könne sich waschen, ohne sich naß zu machen. Bei „herkömmlicher“ moderner Literatur fällt die Obsessivität auf, mit der die Autoren ihr Triebziel – wie im Traum – verfolgen und zugleich einen Rahmen finden, innerhalb dessen der Wunsch sich äußern darf. Man denke zum Beispiel an Elfriede Jelineks Feminismus, der angesichts eines idealisierten Phallus die Produkte des Mannes nur als Abfall, das weibliche Geschlecht nur als blutende Wunde sehen will, oder an Josef Winklers Homosexualität, dem sich die Welt ausschließlich unter dem erregenden Aspekt von Tod und Verwesung darstellt.

Die Arbeit, die der Autor – wie der Träumende – leisten muß, besteht darin, das Material, das vom Körper und seinen Begierden geliefert wird, in einem Rahmen zu organisieren, der zugleich maximale Distanz und maximale Nähe gewährleistet. Erspart sich die Literatur, einen neuen Rahmen, neue Symbolisierungsformen für den Triebwunsch zu finden und übernimmt bereits gängige Symbolisierungen, fällt sie trivialen Formen anheim, die ihrerseits am besten zeigen, welche Formen der Organisation die Literatur in ihrer augenblicklich avanciertesten Gestalt schon wieder hinter sich gelassen hat (etwa die Errungenschaften der zu „Honig für Augen und Ohren“ gewordenen Avantgarde, derer sich inzwischen die Werbung bedient).

Die Art und Weise, wie ein Autor seine Wünsche und seine Phantasien bearbeitet, wie er die objektiven sprachlichen und gesellschaftlichen Gegebenheiten benutzt, um sie zu zensieren, machen seinen Stil und seine Erfahrung aus, seine Art, in der Welt zu sein. Sie macht Genuß erst möglich, denn ohne die objektivierende Symbolisierung würde der Traum zum Alptraum. Diese Erfahrung wird dem Autor und dem Leser niemand nehmen können, auch keine Postmoderne, deren Postulat, bei den neuen medialen Techniken handle es sich um gewaltige Simulationsmaschinerien, die dem postmodernen Subjekt im Guten wie im Bösen eine total neue Wahrnehmung der Wirklichkeit lieferten („Die virtuelle Realität wird die Urszene ersetzen“, meinte einmal Elemire Zolla, ein italienischer Philosoph), bloß als frommer Wunsch zu verstehen ist, die beunruhigende Wahrnehmung der körperlichen Wirklichkeit könne damit ein für allemal abgeschafft werden.

Nicht die, denen das Pornographische gern vorgeworfen wird, sind somit die wahren Pornographen, sondern die Autoren trivialer Produkte, die wie die Pornographie ihr Ziel auf möglichst direktem Weg erreichen wollen: die den Leser teilhaben lassen wollen an der Sphäre des Literarischen, ohne ihn über den steinigen Umweg des Literarischen zu führen.

Als Nachlaßverwalter des literarischen Diskurses verzichtet die postmoderne Literatur wie jede Trivialliteratur auf die Neubearbeitung sexuellen Materials und beschränkt sich auf die Wiederverwendung bereits gültiger Bearbeitungen. So wie sie es sich andererseits auch erspart, das von anderen (theoretischen oder literarischen) Diskursen Erarbeitete so zu konkretisieren, daß es als Dichterisches erfahrbar würde und nicht als je nach Bedarf und Möglichkeit des Lesers abrufbares Extra.

Die postmodernen Autoren verzichten somit nicht nur auf Erfahrung, sondern auch auf individuellen Stil. So wie in der Pornographie nur Typen vorkommen, die als Gattungswesen aufeinander losstürzen („wie die Tiere"), um einen von der Gattung vorgegebenen Instinkt zu befriedigen, und nicht als Menschen mit individueller Geschichte und individuellen, neurotisch gebrochenen Wünschen und Begierden, treten die postmodernen Autoren als Individuen zurück und kapitulieren vor dem objektiven Aspekt der Sprache und des verwendeten Materials, was sie gleichzeitig mittels der Pseudo-Exklusivität des Ausdrucks zu verleugnen trachten.

Die postmodernen Autoren verwenden traditionelle, durch den hundertfachen Gebrauch längst profanisierte Werte, die nach wie vor im Ruf des literarisch Wertvollen stehen (die großen Themen der Weltliteratur, Anspielungen und Zitate, den klassischen Mythos und den hohen Stil), unverändert, als profanisierte weiter, ohne die Anstrengung zu unternehmen, sie im Rahmen der eigenen Erfahrung umzudeuten und somit aufzuwerten (sie meinen, allein sie weiterzuverwenden, hieße schon, sie aufzuwerten), und vermeiden andererseits den Griff in den Dreck des Außerliterarischen, Körperlichen. Hin und wieder versucht einer, seinem Werk den Anstrich einer derartigen Vermischung von Profanem und Kulturellem zu geben, wie etwa Ransmayr in „Die letzte Welt", indem er in seiner in der Antike angesiedelten Ovid-Paraphrase Lautsprecher und Filmprojektoren auftauchen läßt. Achtung Literatur!

Während der Künstler kein Kunstfreund, sondern der „eigentliche Widersacher der Kunst" (Karl Heinz Bohrer) ist, verhindern die postmodernen Autoren ihr Werk durch allzugroße Wertschätzung der Tradition. Anstatt einerseits in den Bereich der idealisierten Kunst aufzunehmen, was in krassem Widerspruch zu ihr stünde, das als schmutzig wahrgenommene, körperliche Außerliterarische, und andererseits all das mit Füßen zu treten, was Kunst bisher zu Kunst gemacht hat, setzen sie ihr Vertrauen darauf, daß der Literaturbetrieb Demut zu schätzen weiß, Provokation hingegen sanktioniert.

Von der individuellen Obsession des Autors, von seiner Subjektivität, die ihn die Wirklichkeit unter einem ganz bestimmten Aspekt betrachten ließe, ist in den Werken der Postmoderne keine Spur mehr vorhanden. Die Weigerung, literarische Arbeit zu leisten, Subjektives an Objektivem zu messen, bezahlt die Postmoderne mit dem Eindruck des Kindischen, den ihre Produkte – wie die der Unterhaltungsindustrie schlechthin – hinterlassen. Die Mythen, die literarischen wie die klassischen, die sie zitierend nacherzählt, klingen in ihrem Mund wie eine gereinigte Version für die Kinderstube. Das Schicksal des Klassikers – Don Quixote, Robinson Crusoe –, Jahrhunderte nach der Entstehung nur noch als Kinderlektüre rezipierbar zu sein, nehmen sie vorweg. Entgegen der von Eco geäußerten Hoffnung, das Banale würde als Zitat an Schärfe gewinnen, legt die Praxis der Postmoderne vielmehr den Schluß nahe, dem Mythos, der den gesellschaftlichen Umgang mit dem Naturhaften beschreibt, solle der letzte Rest an Schärfe, den er allen Interpretationen und Entzauberungen zum Trotz noch immer besitzt, auch noch ausgetrieben werden.

Die Namen der postmodernen Autoren sind zwar Markenartikel, die auf den Märkten des Feuilletons gehandelt werden, dennoch verschwinden sie hinter der Anonymität des Genres, das sie bedienen. Ihrer individuellen wie sozialen Charakteristika verlustig gegangen, sind sie beliebig hin- und herschiebbar zwischen den Kulturen: Sie weben an einem einzigen großen Teppich, weshalb man die Werke des einen auch leicht für die Fortsetzung der Werke des anderen halten könnte (sollte damit „Intertextualität“ gemeint sein?). Und da sie die Subjektivität des Stils völlig an die Objektivität des vorgegebenen Materials preisgeben, sind sie auch leicht übersetzbar – was gibt es Schöneres für einen Verlag als einen leicht übersetzbaren Autor, dessen Anliegen in Palermo genauso schlüssig sind wie in Stockholm, dessen stilistische Eindeutigkeit von keinerlei geographischen, individuellen oder sozialen Charakteristika getrübt wird! Vielleicht wird man in Zukunft eine Art Esperanto für sie finden, das sie in ihren jeweiligen Sprachen längst schon schreiben, weshalb in diesem Zusammenhang bereits der Begriff „Euro-Roman“[29] gefallen ist. Die Postmoderne eilt somit der Politik voran: Zumindest auf kulturellem Gebiet hat sie die die Horrorvision eines geeinten Europa bereits bewerkstelligt, das es in dieser Homogenität zum Glück nie geben wird. Ein gemeinsamer Markt, auch für die Literatur! Was allerdings wäre ein Thomas Bernhard ohne die Enge der österreichischen Provinz, ein Pier Paolo Pasolini ohne den Dialekt des Friaul? Was wäre die Literatur überhaupt ohne die „Muttersprache“, ohne den Turm von Babel, ohne das anheimelnde Gebrabbel, das dem Erwerb der offiziellen Einheitssprache vorausgeht? Womit keine Lanze für die Enge der Provinz gebrochen werden soll, sondern für die Bereitschaft des Autors, sich mit seiner Herkunft auseinanderzusetzen, sich auf die Unterschiede einzulassen, die es auch in einem geeinten Europa nach wie vor geben wird.

Die postmoderne Literatur hingegen funktioniert wie der in den letzten Jahren entstandene, auf die Bedürfnisse eines neuartigen, kaufkräftigeren und gebildeteren Publikums zugeschnittene Kulturtourismus. Ehemalige Attraktionen wie die Hauptstädte Europas sind längst erobert und geheimnislos geworden. Also versucht man, sie dem Massentourismus schmackhaft zu machen, indem man Großausstellungen und Kulturfestivals organisiert, die regionales Kulturgut zu einem für alle Bewohner der westlichen Hemisphäre gleichermaßen verständlichen Esperanto verflachen, das in seiner Beliebigkeit weder erkenntnisreich noch unterhaltsam ist, dem Kulturtouristen jedoch die Illusion schenkt, das „Herz der Kultur" schlagen zu hören.

Die postmoderne Literatur lädt ein zu Spritztouren: „Wunderschöne Antike" oder „Romantische Literatur in drei Tagen". Für die Anspruchsvolleren hat sie auch Bildungsreisen „zu den Entstehungsstätten der Semiotik" oder „quer durch die viktorianische Literatur" im Programm. So wie die Kulturdenkmäler für den Tourismus gerettet werden, rettet die Postmoderne die Mythen der Moderne für den Bestsellermarkt, als unverständliche, aber nicht unverkäufliche Signale, denen die Bedeutung abzusprechen wohl hieße, sich als der Banause zu erkennen zu geben, der man angesichts der ihrer ursprünglichen Funktion verlustig gegangen Kulturdenkmäler ohnehin längst ist.

Die Postmoderne ist das Ergebnis des naiven Wunsches, die Wirklichkeit nicht zur Kenntnis zu nehmen, nicht des utopischen, der als mangelhaft empfundenen eine andere, bessere entgegenzusetzen. Anstatt an den Wurzeln der Trennung in Gebildete und Ungebildete zu rühren, zementiert sie insgeheim die Hierarchie, die sie verleugnet. Wie die Kulturpolitiker der reichen Länder Westeuropas, in denen eine üppig ins Kraut schießende Veranstaltungs- und Spektakelkultur sowohl die traditionelle Hochkultur als auch die spärlichen Ansätze kultureller Demokratisierung abzulösen beginnt, verwechselt sie das Demagogische ihrer Aktivität gern mit dem aufklärerischen Anspruch, Kultur unters Volk zu bringen, der ihren Autoren vielleicht einmal eigen gewesen ist. Die Aura des Künstlerischen ist ihr mehr wert als die Arbeit, die diese erst hervorbringt. (Gerade jetzt, wo das Geld knapper wird, scheint es Verlagsleitern und Kulturmanagern nicht möglich, den Kurs zu ändern: einem abbröckelnden Publikum versuchen sie in einer Art panischer Überreaktion immer mehr von dem modisch Leeren anzubieten, von dem es schon lange nicht mehr satt wird. Ein Effekt wie beim Kulturprogramm im Fernsehen, von denen letzten Endes niemand etwas hat, weder die „Ungebildeten", die ohnehin Fußball schauen, noch die professionell mit Kultur Befaßten, denen das Niveau zu niedrig ist.) Auch die postmoderne Literatur verleugnet die Tatsache, daß ohne radikaldemokratische Maßnahmen, die ökonomische, soziale und kulturelle Ungleichheiten so weit wie möglich beseitigen würden, die Vision einer Kultur für alle Illusion bleiben muß, als auch, daß der Kunst ein undemokratisches Moment nicht auszutreiben ist – worin laut Adorno die Schuld des Künstlers bestehe, von der Lyotard partout nichts mehr wissen will: „Wir wollen keine Tränen mehr!" Solange das gesellschaftliche Funktionieren auf der Unterwerfung der Natur, auf der Ausbeutung der einen durch die anderen beruht, wird es welche geben, die rudern müssen, damit Odysseus die Sirenen singen hört. Eine unveränderliche Eigenschaft der Ruderer ist es, sich nach getaner Arbeit mit Kunst-Ersatz nicht nur zufriedenzugeben, sondern diesen der Kunst sogar vorzuziehen, als „ideale Nahrung für ein träges Publikum, das sich den Werten der Schönheit verschrieben hat und an ihnen teilhaben möchte, ohne sich in Verständnisanstrengungen üben zu müssen".[30]

Da es nicht anzunehmen ist, daß sich dieser Herrschaftszusammenhang in absehbarer Zeit ändern wird, könnte man sich in der Zwischenzeit (nach wie vor) überlegen, wie man einem möglichst breiten Publikum Kultur nahebringen könnte, ohne deren Inhalte zu verraten. Im Gegensatz zur Postmoderne, die auf die Magie des gemeinschaftlichen Erlebens setzt, das alle Unterschiede für die kurze Zeit des Ereignisses wegzaubert und den derart reich Beschenkten das beglückende Gefühl verschafft, zum Kreis der Auserwählten, der Eingeweihten zu gehören.

Aus alt mach neu

In Europa war Umberto Ecos „Der Name der Rose" (1980) einer der ersten Romane, die mit dem Begriff „postmoderne Literatur" in Zusammenhang gebracht wurden. Es ist kein Zufall, daß dieser Roman in Italien geschrieben wurde, denn in Hinblick auf das Phänomen „Postmoderne" ist die italienische Situation in vielerlei Hinsicht symptomatisch. Die Kluft, die die Postmoderne geschlossen haben will, ist in Italien besonders tief: Historisch bedingt gibt es in Italien wenig Austausch zwischen der Kultur des Volkes und der der Gelehrten, was sich nicht zuletzt in der Sprache niederschlägt. In den „Gefängnisheften"[31] beklagte Gramsci, die Nationalsprache sei „altertümlich und bombastisch", während die Sprache des Volkes noch immer der Dialekt sei. Die Hochblüte erlebte das Italienische in der Renaissance: bis dahin „gab es eine einheitliche sprachliche Entwicklung von unten her, vom Volk zu den Gebildeten, was durch die großen florentinischen und toskanischen Dichter verstärkt wurde".[32] Mit dem Niedergang der Kommunen und der Rückkehr zu feudalen Strukturen bricht diese Entwicklung ab, das Italienische wird „immer mehr zur Sprache einer in sich geschlossenen Kaste, ohne lebendigen Kontakt mit einer historischen Mundart".[33]

Während überall sonst in Europa das Bürgertum die Herrschaft übernimmt, bleibt Italien feudalen Strukturen verhaftet, und zwar bis in die zweite Hälfte dieses Jahrhunderts. Eine industrielle Revolution ereignete sich erst nach dem Zweiten Weltkrieg, bis dahin war Italien ein landwirtschaftlich geprägtes Land mit nur wenigen urbanen Zentren. So konnte Pier Paolo Pasolini noch in den siebziger Jahren beklagen, woran man sich in den industrialisierten Staaten Europas längst gewöhnt hatte: die Zerstörung durch die Moderne und den Verlust traditioneller Werte wie Familie und Religion.[34] Pasolinis „gutes altes Italien" war, bevor es von der Massenkultur gleichgeschaltet wurde, gekennzeichnet von einer Polarisierung in eine bäuerliche, beinahe analphabetische Kultur und eine winzige Bildungselite, die das klassische humanistische Erbe am Leben hielt. Vermittelnde Instanzen zwischen der Kultur des Volkes, die nach '45 zu einer (nach wie vor analphabetischen) TV- und Fotoromankultur mutierte, und dem (in Pasolinis Formulierung) „abgehalfterten" Humanismus der Oberschicht gab es keine.

Aus diesem Grund ist die italienische Literatur bis zum heutigen Tag viel homogener als die anderer europäischer Nationen. Homogen hinsichtlich Sprache, Wortschatz und Duktus, Themen und Inhalten, die im wesentlichen noch immer die einer „geschlossenen Kaste" sind. Die italienische Literatur hat gewissermaßen in einer Isolierkammer überlebt, geschützt vor den Bakterien außerliterarischer Einflüsse, vor dem Kontakt mit dem Volk. Während anderswo immer wieder Phänomene wie Jargons, Umgangssprache, Dialekte und somit auch die gesellschaftliche Situation der neuen literarischen Subjekte Eingang in die Literatur fanden, wiederholte die italienische Literatur das einmal Erarbeitete: ein getreuer Spiegel der gesellschaftlichen Machtverhältnisse, die ebenfalls seit Jahrhunderten relativ konstant geblieben sind. Die italienische Politik steht im Zeichen einer Kontinuität, die Machtwechsel verhindert. Seit 1861, der Geburt des italienischen Staates, war die Opposition nicht zur Regierung zugelassen, ein Schicksal, das sie mit der Nachkriegsopposition, den Kommunisten, teilte. Über vierzig Jahre wurde Italien von einer einzigen Partei regiert, deren Herrschaft, wie Korruptionsskandale und der persönliche Besitzanspruch auf öffentliche Gelder am besten zeigen, feudale Züge trug. Berlusconi, der neue Alleinherrscher Italiens, dessen Aufstieg als Unternehmer auch deshalb so unaufhaltsam war, weil ihn kein Anti-Trust-Gesetz verhinderte, ist ebenfalls ein Phänomen der Postmoderne: er macht keine Politik, sondern simuliert sie. In Italien, wo der Einfluß Amerikas stärker ist als in anderen europäischen Ländern, haben die Massenmedien die politische Klasse abgelöst, um mit Berlusconi an der Spitze in einen neuen Feudalismus zurückzufallen,[35] dessen Politik keine Grundsätze durchsetzen will, wozu es Mehrheiten bedürfte, sondern auf Mehrheiten/Einschaltquoten abzielt, wozu es Grundsätze bedarf, deren einzige Qualität darin besteht, mehrheitsfähig zu sein.

Vor der Postmoderne, bevor Verkaufszahlen beziehungsweise Einschaltquoten an die Stelle von Literatur und Politik traten, hatte die italienische Literatur das Kunststück vollbracht, aus einem Zustand des gesellschaftlichen wie künstlerischen Stillstands Kapital zu schlagen, trotz aller Verkrustungen und Verknöcherungen immer wieder Werke hervorzubringen, die das Alte so wiederholten, daß es zu lebendiger Gegenwart wurde. Der Mythos, das Zitat, war hier nie Selbstzweck, sondern Vorwand, um die eigene Geschichte zu erzählen, und nahm bei jedem Autor seine eigene lebensgeschichtliche Bedeutung an.

Somit hat die italienische Literatur *vor Eco* in gewisser Weise die Leistung vollbracht, die die Postmoderne gerne für sich in Anspruch nehmen würde: das Zitat zur originären Aussage werden zu lassen. Ihrem aristokratischen Charakter entsprechend, hat sich die italienische Literatur über die Jahrhunderte hinweg immer mehr der platonischen Tradition, für die es kein Entrinnen aus der Scheinwelt des Ästhetischen gibt, verbunden gefühlt als der aristotelischen, aufklärerischen. Solange es keine aufstrebende Klasse gibt, die den Lügen der Herrschenden ihre eigene Wahrheit entgegensetzt, bleibt der Literatur nichts anderes übrig, als immer denselben Schein zu reproduzieren. Dichter von Ariost bis Pirandello und Sciascia haben beschrieben, was es heißt, in einer Welt der Täuschungen gefangen zu sein, spielerisch die einen, erschrocken die anderen angesichts des Blicks hinter die Spiegel, wo sich hinter jeder Maske nur eine neue Maske offenbart. Am radikalsten hat Giorgio Manganelli diese Befindlichkeit zum Ausdruck gebracht, indem er sich als Autor für inexistent erklärte mit dem Diktum, Literatur sei Lüge und der Autor nur der Protagonist in der Fabel eines anderen Lügners. Wie naiv nehmen sich dagegen die Parabeln der postmodernen Autoren aus, die das Problem der Scheinhaftigkeit jeglicher Wirklichkeit vom Standpunkt eines allwissenden Subjekts außerhalb beschreiben, dessen Diktum „alles ist Lüge!“ als endgültige Wahrheit gelten will!

Die Postmoderne hat die Literatur zu einer Sache der Medien gemacht: Davor entsprach dem elitären Anspruch der italienischen Literatur die Exklusivität des literarischen Lebens. In der italienischen Literaturgeschichte wird man kaum die Figur des Bohèmiens finden, des Deklassierten, der sich in der Kunst wiederfindet, sondern allenfalls die des Parvenues, der sich mit dem Mantel der Kunst zu nobilitieren versucht. Nach wie vor gilt Gramscis Urteil: Literatur wird in Italien von einer „geschlossenen Kaste“

gemacht, von den Angehörigen der privilegierten Schichten. Das Fehlen staatlicher Strukturen macht sich auch hier bemerkbar: Es gibt keine Subventionen, kein soziales Netz für jene, die nicht von ihrer literarischen Arbeit leben können. Wer in Italien schreiben will, muß entweder Privatvermögen besitzen oder einen Brotberuf ausüben.

Sofern es nicht auf dem Bildschirm stattfindet (das Fernsehen widmet der Literatur inzwischen mehr Platz als die Wochenmagazine), hat das literarische Leben in Italien kaum Öffentlichkeit, sondern ist nach wie vor ein Ort exklusiver und etwas altmodischer Mondänität. In den Städten gibt es kein literarisches Leben nach mitteleuropäischem Muster, keine Veranstaltungen und keine Veranstaltungsorte, die von Autoren und Publikum besucht würden, sondern es überlebt vielmehr die Tradition der literarischen Salons. (Der bedeutendste italienische Literaturpreis der Nachkriegszeit, der *Premio Strega*, wurde in einem Salon ins Leben gerufen.) Gebrochen wird diese Regel immer dann, wenn sich eine kulturelle Strömung auch als politische versteht: in den achtziger Jahren zum Beispiel betrieben die Feministinnen mit Dacia Maraini an der Spitze mit dem römischen Theater „La Maddalena“ zugleich ein Kulturzentrum für Frauen.

So überleben in Italien anachronistische Formen der Autor-Publikum-Beziehung, wie sie vor der Entstehung des freien Marktes beziehungsweise der Institutionalisierung des Tauschhandels gang und gäbe waren: ein Mäzenatentum, das noch nicht den Profit des Sponsorships entdeckt hat, sondern seine private Eitelkeit mit der Anwesenheit eines Dichters beim Abendessen befriedigt, und in der Folge davon direkte Auftraggeberschaft. Literatur hat in diesem Fall denselben Status wie Malerei: Sie wird zur Angelegenheit reicher Kunstliebhaber, zum Ort der Mondänität. Als Entschädigung für diese relative Bewegungsunfreiheit gewährt die italienische Gesellschaft ihren Dichtern die Illusion, dem erniedrigenden Geschäft des Tauschhandels enthoben zu sein. „Zum Abendessen engangiert" betitelt sich ein Gedicht des römischen Autors Valentino Zeichen, in dem die ambivalente Haltung dessen zum Ausdruck kommt, der sich dem Markt verweigert und stattdessen das Leben eines Höflings führen muß.

Im Zuge der im europäischen Kontext verspäteten Industrialisierung in den Nackriegsjahren und schließlich jenes Wirtschaftsbooms in den achtziger Jahren, der mit dem deutschen Wirtschaftswunder verglichen wurde und Italien an die Spitze der europäischen Industrienationen katapultierte, erlebte auch der Buchmarkt einen Modernisierungsschub. Mit dem neuen Wohlstand entstehen ein neues Publikum und neue Bedürfnisse, die befriedigt werden wollen. In den achtziger Jahren steigen die Umsätze der Verlage um 72 Prozent. Zwischen 1985 und 1990 erhöht sich die Zahl der Publikationen um 73, 9 Prozent und die Zahl der Leser um 50 Prozent.[36]

Die Unterhaltungsindustrie bricht über Italien herein und erobert ihr Terrain mit jenem totalitären Anspruch, der allein gewährleistet, Unterhaltung „für alle" zu machen. Von einem „Faschismus" der Konsumgesellschaft sprach Pasolini bereits Mitte der siebziger Jahre: „Der Faschismus hat die Seele des italienischen Volkes nicht einmal angekratzt; der neue Faschismus hat sie mit seinen neuen Informations- und Kommunikationsmitteln (und dabei vor allem dem des Fernsehens) nicht nur angekratzt, er hat sie zerfetzt, geschändet, für alle Zeiten beschmutzt ..."[37]

Der Modernisierungsschub hat nicht nur für die Kultur des Volkes, sondern auch für die elitäre Literatur fatale Folgen, deren Inhalte nun für das neue Publikum aufbereitet werden müssen. Am besten eignet sich das humanistische Erbe, zum Ausverkauf bereitgestellt zu werden. Es schenkt dem „Cognitariat“ die Illusion, sich nicht nur finanziell, sondern auch ideell verbessert zu haben, und es eignet sich für den Export ins kulturell geeinte Europa. In Italien, wo es kaum heterogene Traditionslinien gibt, die sich fortsetzen ließen, sind die Folgen des Ausverkaufs besonders dramatisch. Zwar hat es auch hier immer wieder antihumanistische Tendenzen gegeben, von Ruzzante bis Pier Paolo Pasolini, die der Gelehrtenkultur die außerliterarische Wirklichkeit vorzogen und ihr literarisches Interesse mit politischem verbanden, mit dem Wunsch nach Veränderung, der im Neuen die Wahrheit sieht und im Alten den zum Ritual erstarrten schönen Schein. Der Skandal, den sie auslösten, bestand nicht nur im Umgang mit anrüchigen körperlichen Inhalten, sondern in nicht geringerem Maße in der Legitimierung außerliterarischen Sprachmaterials. Doch waren alle diese Ansätze – selbst die vitalste realistische Strömung des zwanzigsten Jahrhunderts, der *neo-realismo* – dazu verurteilt, Randphänomene zu bleiben. Sie alle verliefen im Sand, es ist ihnen weder gelungen, die italienische Literatur nachhaltig zu verändern, noch eigene, lebensfähige Traditionen zu begründen. Inzwischen sind die Vertreter des Realismus und der Neo-Avantgarde verstummt, literarischer Nachwuchs, der sich nicht augenblicklich zur *Koine* der Postmoderne bekehren ließe, ist keiner in Sicht.

An Vielfalt mangelte es allerdings nicht nur innerhalb der Literatur, sondern auf dem Markt schlechthin. Aufgrund der enormen Unterschiede zwischen Privilegierten und nicht Privilegierten, fehlte es auch an jenen subliterarischen Genres wie Krimi oder Science-fiction, wie sie andere Verlagslandschaften in unterschiedlichem Maße prägen. Genau dieses Vakuum füllen nun unter anderem die postmodernen Autoren, die ganz im Sinne eines nach modernen Kriterien funktionierenden Marktes Lesestoff für das breite Publikum produzieren. Was allerdings nicht nur für Italien gilt, sondern für die Großzahl der europäischen Länder, wo die Trivialliteratur bislang zum Großteil aus Amerika importiert wurde (mit dem Unterschied, daß die Literatur selbst nicht so homogen ist und somit mehr Widerstand entgegensetzen kann). An die Stelle des Dichters ist somit der schreibende Kulturmanager getreten, der die anerkannten kulturellen Werte für das breite Publikum aufbereitet. Umberto Eco schreibt seinen „Klosterkrimi", in dem dem Leser Semiotik und Mediävistik mittels einer spannenden Handlung schmackhaft gemacht werden sollen, Antonio Tabucchi verramscht Fernando Pessoa als Doppelgänger seiner eigenen leidenden Seele, Paola Capriolo und Roberto Calasso verwenden Motive aus dem Mythen- und Märchenreservoir, als hätten sie sie eben erst erfunden.

Mit Ausnahme von Italo Calvino, der wahrscheinlich als einziger adäquat auf die veränderte Situation reagiert, indem er (in *Wenn ein Reisender in einer Winternacht)* erzählt, jedoch das Erzählen reflektiert und den Leser nicht nur in seiner Gier nach Geschichten zufriedenstellt, sondern ihn auch ständig mit seiner eigenen Erwartungshaltung konfrontiert, schreiben die postmodernen Autoren für das breite Publikum, ohne sich zu diesem zu bekennen. Sie inszenieren ihren „Aufstand gegen die moderne Welt",[38] indem sie für die moderne Welt produzieren. Nicht, indem sie an einem Zustand „davor" festhielten, sondern indem sie den Zustand „davor" so vielen wie möglich, die nie in den Genuß desselben gekommen sind, als den besseren andrehen. Nicht, indem sie beharrlich für jene und im

Namen jener traditionellen Bildungselite produzierten, deren Vormachtstellung im Schwinden begriffen ist, sondern indem sie dem neuen Publikum, dessen Kultur eine TV-Kultur ist, vorlügt, die kulturellen Werte der ehemaligen Eliten seien die einzig lebens- und bewahrenswerten. Indem sie, wie die Partei Berlusconis, den Eindruck des Neuen erweckt, in Wirklichkeit jedoch bloß die altmodischsten Inhalte von den modernsten Medienmaschinen aufbereiten läßt. Aus alt mach neu: So läßt sich Tradition verteidigen, ohne auf Profit verzichten zu müssen.

Allerdings beraubt sich die postmoderne Literatur ihrer eigenen Grundlagen. Sie ist ein Ausverkauf, ein Totalabverkauf, der die Ladenhüter des humanistischen Erbes ein letztes Mal zu Spottpreisen unter das kaufwillige Volk bringt. Was jedoch passiert, wenn der Markt gesättigt ist? In ihrer Gefräßigkeit, in ihrer Tendenz, für raschen Profit zu sorgen, hat die Postmoderne dieselben Auswirkungen auf die literarische Produktion wie der Massentourismus auf unterentwickelte, sozial und ökonomisch homogene Gebiete. In Italien ist die Situation besonders kraß. Im Verein mit Verlagspraktiken, die dem Autor zwar enorm hohe Honorare zusichern, jedoch nicht verhindern, daß sein Buch nach vier Wochen unbeachtet und unrezensiert aus den Buchläden verschwindet, läßt die augenblickliche Situation keinen Platz für die Entwicklung neuer literarischer Techniken. Die postmoderne Literatur ist dabei nur die Spitze des Eisbergs. Sie ist der raffinierteste Aspekt eines Trends, der zum „Instant-Buch“ tendiert: verlegerische Schnellschüsse, die, auf schnellen Profit bedacht, mit berühmten Namen (von unter anderem Journalisten, Schauspielern, Politikern) locken und den Leser bloß enttäuschen, anstatt ihn zum erneuten Kauf anzuregen. Einerseits ist der Markt so inflationär, daß er zu kollabieren droht, andererseits ist die homogene italienische Literatur, die keine heterogenen Traditionslinien kennt, an die anzuknüpfen sich lohnte, zum Stillstand gekommen. Die letzten Ressourcen sind geplündert, die Widerstandsnester haben sich zur Monokultur bekehren lassen. Und die Touristen, des ewiggleichen Anblicks müde, haben sich bereits einen neuen Landstrich gesucht.

Gabriele d'Annunzio oder: Die Prähistorie der Postmoderne

Postmoderne Werke gibt es bereits seit Beginn der Moderne, seitdem das Bedürfnis besteht, die Inhalte der Kunst für ein breites Publikum aufzuarbeiten. In Italien ist Gabriele d'Annunzio (1863–1938) der erste, der einem Mittelklassepublikum die Illusion der Kunst und der aristokratischen Lebensführung verkauft. Seine ersten großen Erfolge fallen in die neunziger Jahre des vorigen Jahrhunderts, in ein Jahrzehnt, das von der repressiven Politik Francesco Crispis geprägt wurde. Die Aufstände der Arbeiter, die sich eben erst politisch organisiert hatten, wurden blutig niedergeschlagen, Crispis Politik war von Imperialismus und Nationalismus gekennzeichnet.

Das Italien der Jahrhundertwende ist nicht der Ort, an dem die großen Innovationen der Moderne stattfinden. Italien ist nach wie vor ein landwirtschaftlich geprägtes Land, die wenigen Industriezentren befinden sich im Norden. Hier geht es gemütlicher zu als anderswo, die Moderne kündigt sich zaghafter an, was nicht zuletzt auf Kosten der Radikalität der Literatur geht. Die einzigen Autoren, die um die Jahrhundertwende eine moderne Ästhetik vertreten, Italo Svevo und Luigi Pirandello, leben bezeichnenerweise nicht im Zentrum, sondern an den Rändern Italiens, wo Austausch mit Mitteleuropa beziehungsweise mit Frankreich möglich und notwendig war. Das Zentrum Italiens hingegen war klerikal und konservativ: Die Aristokratie paktierte mit dem Papst, das Kleinbürgertum träumte von nationaler Größe, die sich allerdings nach den militärischen Niederlagen in Übersee nicht so recht einstellen wollte.[39]

Sein Publikum findet d'Annunzio in der kleinbürgerlichen Schicht, die infolge der bescheidenen Industrialisierung des Landes entstanden war und die an seinen Werken nicht nur die üblichen Ingredienzien der Dekadenzliteratur, den schönen Schauder, liebte, sondern vor allem das eigene Spiegelbild, das er ihr vergrößert zurückwarf, und die mit dem Realismus eines Verga, den es als proletarisch verachtete, genausowenig anfangen konnte wie mit den modernen psychologischen Romanen eines Svevo oder Pirandello. In d'Annunzio hingegen, in seinem Schreiben, aber vor allem auch in seinem Leben, sah das Publikum die Verwirklichung seiner kleinbürgerlichen Sehnsüchte und die Fleischwerdung seines Idealbildes: „Zu keiner anderen Zeit als zur Zeit d'Annunzios fand der Mensch sein Ideal so sehr in der Literatur."[40]

Auch wenn d'Annunzios Verhältnis zu Mussolini gespalten war, lieferte er die ideologische Begleitmusik zum Aufbegehren der Kleinbürger, das in der faschistischen Machtübernahme gipfelte. D'Annunzios Haltung ist durch und durch antidemokratisch, sein Leben und sein Schreiben sind Reflex, nicht Reflexion: der Ausbruch des Kleinbürgers, der sich über sein frustrierendes Dasein erheben möchte und sich in einem fiktiven Geistesadel wiederzufinden hofft. Um der Langeweile zu entgehen, lebt d'Annunzio gefährlich: Mit zweiundfünfzig Jahren meldet er sich als Freiwilliger, er fliegt über Triest, um ein Manifest abzuwerfen, bei einem weiteren Flugeinsatz verliert er ein Auge. Der Heldentod bleibt ihm allerdings verwehrt.

Die achtziger Jahren verbringt d'Annunzio in Rom, das, eben erst zur Hauptstadt des jungen Staates geworden, die Verwaltungsbürokratie beherbergt, während die Stätten der Produktion im Norden liegen. Im Vergleich zu den europäischen Metropolen sind die italienischen Städte allerdings verschlafene Provinznester: 1880 wird in Rom die erste Straßenbahn gebaut, abends gehen jedoch die Lichter aus. D'Annunzio mochte ein Dandy gewesen sein, jedoch nie ein Flaneur: Um neun wurde zu Abend gegessen, danach gings nach Hause. Cafés gab es so gut wie keine, was jegliches gesellige Treiben außerhalb der Familie unmöglich machte. Allerdings erlebte Rom in diesen Jahren einen raschen Bevölkerungszuwachs. Die Verwaltungsbeamten, die sich in den neugebauten Wohnvierteln niederließen, gestalteten ihre Salons ganz im Stile Makarts: vollgeräumt mit Bildern, Fächern, Paravents, Teppichen, Zimmerpalmen. D'Annunzio fand Gefallen am sogenannt „byzantinischen" Rom, er lebt, nicht nur in seiner Literatur, über seine Verhältnisse. Gegen die Sachlichkeit der Moderne führt er den Luxus der bürgerlichen Salons ins Treffen: „Ich hätte sehr gut auch in einem bescheidenen Haus wohnen können, auf Thonet-Stühlen sitzen, aus gewöhnlichen Tellern essen, auf einem italienischen Teppich gehen, mir die Nase in billigen Taschentüchern schneuzen und Hemden von Schostall oder Longoni tragen können. Stattdessen wollte ich fatalerweise Diwans, kostbare Stoffe, Perserteppiche, japanisches Porzellan und Elfenbein, alle diese unnützen und schönen Dinge, die ich mit tiefer und ruinöser Leidenschaft liebe."[41]

Trotz dieser Vorliebe für den Kitsch des neunzehnten Jahrhunderts ist d'Annunzio durchaus ein Phänomen der Moderne, die er – verleugnend – zur Kenntnis nimmt. D'Annunzio ist der erste in Italien, der einen Markt hat und diesen bedient. Er ist ein Importeur literarischer Ware, die er im Ausland erwirbt und – etwas verdünnt – in seiner Heimat weiterverkauft, stets bemüht, sich die Errungenschaften der nicht-italienischen Avantgarde anzueigenen: allerdings nicht der radikalen wie Rimbaud oder Mallarmé, sondern der gemäßigten wie Huysman oder Swinburne. In den meisten Fällen begründet er damit eine Mode.

Als echter Postmoderner fährt d'Annunzio zweigleisig: Allerdings findet seine „Doppelcodierung" nicht in ein- und demselben Werk statt, sondern er unterteilt seine Produktion in versucht Experimentelles und Gefälliges. Indem er sich die Errungenschaften der nicht-italienischen Avantgarde aneignet, begründet er seinen Ruf als elitärer Schriftsteller, den er braucht, um auch die weniger anspruchsvollen Produkte seiner Firma gewinnträchtig zu verscherbeln. D'Annunzio verarbeitet den französischen Symbolismus (er ist der erste in Italien, der freie Verse schreibt), den russischen Roman, Nietzsches Philosophie, die er zu seiner Lehre vom Übermenschen umdeutet.

Die Geschäftemacherei, der d'Annunzio sein Publikum und seinen Status verdankt, verleugnet er, indem er sich zu einer elitären, aristokratischen Kunstauffassung bekennt, zu einem radikalen Ästhetizismus, der sich in Opposition zur verachteten Vulgarität des geldgierigen Bürgertums sieht. In Rom, der Stadt der Bauspekulanten und der Parvenues, schloß sich d'Annunzio mit anderen Künstlern zur Gruppe „In Arte Libertas" zusammen, die bewußt an lateinische Vorbilder anknüpfte. Vertrieben wurde deren Protest gegen die als niedrig verachtete Geldwirtschaft in den Publikationen des Jungverlegers Sommaruga, der, durchaus geschäftstüchtig, mit aggressiver Reklame, skandalträchtigen Themen und frivolen Illustrationen für weite Verbreitung seiner Blätter sorgte: ein Kapitalist im Dienste der Antikapitalisten. D'Annunzios literarische und lebensmäßige Haltung ist der Euphemismus: als er 1910 zum ersten Mal wegen seiner Schulden ins Ausland geht, wähnt er sich „im Exil".

Den Hang zur großen Geste hatte man ihm bereits in seinem Elternhaus beigebracht. Sein Vater, der Kaufmann Don Francesco Paolo d'Annunzio, der seinen Namen Rapagnetta *(Rübchen)* gegen den edleren, Adel vortäuschenden d'Annunzio *(Verkündigung)* seiner Adoptiveltern eingetauscht hatte, schickte Gabriele ins elitäre Institut Cicognini in Prato, wo er bleiben mußte, bis er seinen bäuerischen abruzzesischen Dialekt abgestreift hatte und reinstes Toskanisch (damals die Normsprache) sprach. D'Annunzio hat sich die Lehre zu Herzen genommen. Nichts von seiner als niedrig verachteten Herkunft beschmutzt seine Literatur, der bäuerische Dialekt seiner Heimat hat in seiner Sprache keine Spuren hinterlassen. (Einige Jahre später sollten die italienischen Faschisten den Gebrauch der als minderwertig verachteten Dialekte verbieten und eine homogene Einheitssprache propagieren.) D'Annunzios Italienisch ist bereits das Esperanto der Postmoderne, bei dem die Subjektivität des individuellen Stils an die Glätte der Oberfläche preisgegeben wird, was d'Annunzio jedoch, zumindest in seinen gewollt experimentellen Arbeiten, in bester postmoderner Manier mit Hilfe der Pseudo-Gewähltheit und der Antiquiertheit des Ausdrucks zu verleugnen trachtet. Selbst das Persönlichste, seine Kindheitserinnerungen, gießt d'Annunzio in das Gefäß des Zitats, das diese aufnehmen und formen muß, als hätten sie selbst kein Gewicht. Seine Erinnerungen an die Zeit im Internat[42] präsentieren sich im Gewand des Mythos, keines klassischen allerdings, sondern des proto-faschistischen vom Übermenschen, der das Kranke, Weibliche,

Liderliche in sich abtöten muß, um sich als männlicher Held zu bewähren. Ausgelöst werden d'Annunzios Erinnerungen vom Besuch eines Freundes aus Kindertagen, einer Art zu bekämpfendes Alter ego, der alle verächtlichen Eigenschaften – schwach, krank, trunksüchtig – auf sich vereinigen muß, damit sich der Protagonist von ihm befreien und „ohne ihn sein Leben in den Dienst des Ruhmes" stellen kann. D'Annunzio erzählt die Episoden aus dem Internatsleben nicht in eigenen, sondern in den Worten der anderen, der Klassiker. Jede Episode findet ihr Pendent in einer bedeutenderen, wie man sie aus der Literatur kennt, jede Person orientiert sich an einem Vorbild aus der europäischen (Geistes)Geschichte und wird dadurch geadelt. Ohne (unter anderem) Dante und Napoleon scheint d'Annunzio nichts zu sein, erst durch die Gleichsetzung mit ihnen wird er zu etwas Großem. „Wir stießen ein einstimmiges Geheul aus und rannten die Treppe hinauf, vier Stufen auf einmal nehmend, mit dem Ungestüm der Soldaten von Villa Corsini oder Calatafimi, unaufhaltsam. Mit einem Schulterstoß sprengten wir die Tür; und brüllend und stampfend stürmten wir in den Saal, wobei wir unsere Bücher und unsere Schultaschen auf die Tische knallten, mit der Grausamkeit von Herodes' Söldnern, die die Köpfe der Unschuldigen Kinder gegen die Wände schleuderten."[43]

D'Annunzio hantelt sich von Zitat zu Zitat, fast als habe er als Knabe bereits versucht, sein Leben als Heldenepos zu gestalten, und erzielt dabei nicht uninteressante „moderne" Collage- und Montageeffekte. Wie bei der Einrichtung seiner Villen, die, vollgeräumt mit Plunder, nicht recht etwas Eigenes ergeben wollen, in ihrer Vermischung von Kunst und Kitsch jedoch als Vorläufer der Pop-Art – oder der postmodernen Pastiche – gelten könnten.

D'Annunzio treten die eigenen Gefühle und Taten bereits als die der anderen entgegen, denen er sich anverwandeln muß, um die eigene Kleinheit abzustreifen. Damit gibt der Landadeligen-Sproß aus den Abruzzen (und mit ihm der Leser) nicht nur die Verantwortung für sein Tun ab, sondern er mißt dem bubenhaften Treiben im Internat die Bedeutung eines historischen Ereignisses bei: 1860 besiegte Garibaldi bei Calatafimi die Bourbonen.

D'Annunzio ist, sobald er zur Feder greift, nicht mehr d'Annunzio und schon gar nicht der, der sich hinter diesem hochtrabenden Namen verbirgt, sondern mindestens Vergil: „Oft ist meine lateinische Feder, der Schaft meiner leicht dahingleitenden Feder, eine Rohrpfeife: *levis calamus.*"[44]

Ziel einer solchen Schreibhaltung, die jede persönliche Erfahrung durch das Raster der Historie oder der Mythologie quetscht, ist die Erbauung. Schon ist der Kleinbürger der frustrierenden Wirklichkeit enthoben, die ihn tagaus tagein ins Kontor verbannt, und findet sich wieder in den bukolischen Gefilden der großen lateinischen Vergangenheit. Bei Kafka wird der Mensch der Jahrhundertwende in seiner ganzen erbärmlichen Winzigkeit dargestellt, als Insekt, bei d'Annunzio erhebt er sich zu strahlender Größe, wie Phönix aus der Asche, der übrigens Pate stand, als d'Annunzio aufgefordert wurde, ein nach einem Brand neu errichtetes Kaufhaus zu taufen: *La Rinascente* nannte er es – die Wiedergeborene.

Bei Mario Praz[45] findet sich ein Beispiel, wie d'Annunzio bis ins kleinste Detail in einen fremden Stil hineinkriecht, sich ihm anverwandelt: Zola beschreibt in *Nana* den grabähnlichen Salon der Madame Muffat. Die Szene endet damit, daß einer der Besucher ausruft: „On crève ici; nous allons filer."[46] In d'Annunzios Roman „Das Feuer" besuchen die Protagonisten Stelio und Foscarina die Villa Pisani in Strà. Die Atmosphäre von Verfall und vergangener

Pracht ist bedrückend: Am Ende ruft Foscarina aus: „Gehen wir! Hier erstickt man ja!“ (Einen ähnlichen Eindruck gewinnt man zuweilen bei der Lektüre der heutigen Postmodernen: liest man etwa bei Christoph Ransmayr den Ausdruck „dahinrollende Hügel“, so fragt man sich, ob er die mißglückte Übersetzung eines englischen Reiseberichts – *rolling hills* – ist.)

Oft ist d'Annunzio der Vorwurf des Plagiats gemacht worden. Doch anstelle von Plagiat sollte man vielleicht von (postmoderner) Pastiche sprechen. D'Annunzio reproduziert eine literarische Haltung, die Dekadenz, die um die Jahrhundertwende das provinzielle italienische Kleinbürgertum zu unterhalten und zu schockieren vermochte – und zwar in einem Maße, daß „seine femmes fatales jenen von Swinburne das Wort aus dem Mund zu nehmen scheinen“.[47] Er ist wie ein unbelichteter Film, der den Zeitgeist, die Mode passiv rezipierend wiedergibt, ohne etwas eigenes hinzuzufügen, der dem Publikum ein Geheimnis verkündet, das ohnehin von diesem kommt (wie Adorno anhand der dekadenten Schriftsteller George und Hofmansthal feststellte). Ein genialer Kopist, der die Quellen der zeitgenössischen Literatur unverfroren plündert. Seine technische Raffinesse – die Musikalität seiner Gedichte, die gesuchten Reime, die Montagetechnik seiner kürzeren Prosaarbeiten – kann in keinem Augenblick über den vorfabrizierten Charakter der Gesten, der Reaktionen und Assoziationen hinwegtäuschen. D'Annunzio ist ein „technischer“ Schriftsteller wie die von Adorno derart beschriebenen dekadenten Dichter: „Als Techniker wird der Künstler zur Kontrollinstanz seiner Sensibilität, die er an- und abstelllen kann wie Nils Lyhne sein Talent.“[48] D'Annunzio stilisiert sich zum Priester, der vermeintlich Zugang zu den geheimen Gründen des Seins hat, er scheibt wie ein Schauspieler, der vorgibt, die mit technischen Mitteln zum Ausdruck gebrachten Gefühle seien wirklich empfunden, wie seine langjährige Gefährtin Eleonora Duse, der die zur Schmerzensmaske erstarrten Züge zur zweiten Natur wurden.

„Der Poet verstellt sich, täuscht so vollkommen, so gewagt, daß er selbst den Schmerz vortäuscht, der ihn wirklich plagt."[49] (Fernando Pessoa) Was d'Annunzio tatsächlich geplagt hat, läßt sich nicht sagen; nichts davon ist in seine Literatur eingeflossen. Oder doch, indirekt allerdings, gegen den Willen des Autors, abzulesen nicht dem Inhalt und dem Stil, sondern der literarischen Haltung, die ein sich Recken ist, ein sich auf die Zehenspitzen stellen, um größer zu erscheinen als man ist. Eine Bewegung, die in ihrer Symbolik an das Hochreißen des Armes der Faschisten erinnert, von denen sich d'Annunzio vereinnahmen ließ. Seine Literatur erinnert an die Streckübungen, zu denen die italienischen Truppen unter Mussolini verpflichtet wurden, um den angeblich zu klein geratenen Körper dem germanischen Ideal anzugleichen. Allerdings weist die große Geste auf die Kleinheit des Gestikulierers eher hin als sie zu verbergen. D'Annunzio – ein kleiner Mann, der ganz groß sein will und nie erwachsen wird.

Ironie – Parodie – Pastiche

Die Postmoderne verleugnet den dialektischen Zusammenhang von Wahrem und Unwahrem, von Eigentlichem und Uneigentlichem. Während jede Literatur, die „etwas taugt“, weiß, daß sie den Widerspruch akzeptieren und dichterisch umsetzen muß, daß sie das Eigentliche im Uneigentlichen suchen muß, beziehungsweise daß es keine Sprache gibt, schon gar nicht die vermeintlich „eigentlichste“, die nicht Spuren von Abstraktion und Verschleiß aufwiese, akzeptiert die Postmoderne nur den jeweils einen oder anderen Teil der Wahrheit. Je nach Temperament und Laune erklären die einen das Uneigentliche für eigentlich (dem entspricht die Rede von der totalen Ästhetisierung des Alltags: Wenn kein Zeichen mehr auf ein Bezeichnetes, sondern immer nur auf andere Zeichen verweist, kann es so etwas wie Bedeutung nicht mehr geben, sondern nur eine endlose Signifikantenkette, innerhalb derer Kunstwerk und Werbespot, theoretischer Diskurs und Zeitungsstory dieselbe Wertigkeit besitzen), während die anderen meinen, sie könnten das Eigentliche jenseits, außerhalb des Unauthentischen finden, auf einer von keiner Abstraktion und keinem verfälschenden Gebrauch angekränkelten Insel des seligen Konkreten.

Die eine Seite sagt: Was ist, ist unauthentisch. Das Zauberwort, mit dessen Hilfe sich der Sesam der Kunst dennoch öffnen läßt, heißt „Ironie". Die Ironie ist das Passepartout, durch das sich jeder uneigentliche Text quetschen muß, um zum eigentlichen zu werden, denn als Zitat verliert das Zitierte angeblich seine Banalität. In Zeiten, in denen es angeblich nichts mehr zu sagen gibt, weil bereits alles gesagt worden ist, sorgt die Ironie dafür, daß doch noch etwas gesagt wird, und zwar nicht zu knapp.

Die Postmoderne vollbringt die Quadratur des Kreises, indem sie, wie ihr zum Beispiel Peter Strasser bescheinigt, „aus den Versatzstücken der Uneigentlichkeit ironische Kunststücke der Eigentlichkeit bastelt".[50]

Diese Formulierung ist nur auf den ersten Blick eindeutig und läßt im Grunde zwei Schlußfolgerungen zu: Sie könnte bedeuten, daß die postmoderne Ironie wie jede herkömmliche „moderne" Ironie auf die Konventionalität und Banalität des verwendeten Materials verwiese. Die „Kunststücke der Eigentlichkeit" besäßen dann jenes Minimum an Poesie, das die erstarrten Begriffe noch herzugeben imstande sind, wenn sie einerseits als solche preisgegeben werden, andererseits durch die Verrückung der Bezüge in einem neuen, unbekannten Licht erscheinen. Das aber hieße, daß die Strategie der postmodernen Ironie sich in keiner Weise von der der modernen Ironie unterschiede, daß also die Postmoderne der ironische Teil der Moderne oder der Kunst schlechthin wäre, was ja auch Umberto Eco in seiner „Nachschrift zum Namen der Rose" nahelegt: „Ich glaube indessen, daß ‚postmodern' keine zeitlich begrenzbare Strömung ist, sondern eine Geisteshaltung oder, genauer gesagt, eine Vorgehensweise, ein Kunstwollen. Man könnte geradezu sagen, daß jede Epoche ihre eigene Postmoderne hat, so wie man gesagt hat, jede Epoche habe ihren eigenen Manierismus."[51] Postmodern wäre demnach die „ironische Neureflexion" des bereits Gesagten, wie sie von verschiedenen Autoren zu verschiedenen Zeiten immer wieder praktiziert wurde.

Die Praxis der Postmoderne legt allerdings einen anderen Schluß nahe und zwar: Die Postmoderne legitimiert sich, indem sie die Dinge beim falschen Namen nennt, sie ist das Ergebnis eines Bluffs, eines Umtaufmanövers. So heißt es dann auch bei Strasser weiter: „... wenn alles, was überhaupt ist, sekundär ist, dann ist eben alles Sekundäre primär."[52] Somit genüge es, sich „schöpferisch dem Reich des Uneigentlichen zu überantworten, um so authentisch zu werden und frei".[53]

Die Postmoderne überantwortet sich tasächlich dem Reich des Uneigentlichen; vielleicht wird sie dadurch frei, authentisch wird sie dadurch noch lange nicht. Die Ironie, die allein gewährleisten würde, daß das Uneigentliche authentisch wird, reduziert sie auf den Mechanismus der Wiederholung; wobei sie insgeheim hofft, der „naive Leser" würde diese nicht erkennen und das Zitat als originäre Leistung des Autors mißverstehen, während der „gebildete Leser" und der Rezensent im Etikett „Ironie" den Kunstanspruch eingelöst sehen sollen.

Weshalb man die Haltung der postmodernen Literatur, deren Art zu zitieren völlig unironisch ist – will man ihr nicht die Ironie zugutehalten, die jeder Wiederholung immanent ist, sich hier allerdings eher als unfreiwillige Komik zu Buche schlägt –, vielmehr als „Pastiche" bezeichnen sollte, womit das Neue, das die Postmoderne sein will, besser definiert wäre als mit der traditionellen „modernen" Strategie der Ironie.

Ironie, Parodie und Pastiche sind drei ineinander übergehende sprachliche Haltungen, die die ihnen zugrundeliegende Wiederholung auf unterschiedliche Weise kenntlich machen. Während die Ironie das Altbekannte wiederholt, die Wiederholung jedoch kenntlich macht und durch die Verrückung der Bezüge neue Ausblicke ermöglicht, und die Parodie das Vorgefundene zum Zweck der Entlarvung und Karikierung scharf übertreibt, ist die Pastiche die Wiederholung um der Wiederholung willen, die „willkürliche Kannibalisierung“[54] aller Stile, die, will sie nicht als originäres Werk verkannt werden, auf eine Leserschaft hoffen muß, die das verwendete Material bereits aus einem anderen Kontext kennt und als zitiertes wiedererkennt. Die herkömmliche Ironie hingegen macht die Wiederholung durch eine haarfeine Übertreibung kenntlich, der Stil gibt sich als Verstellung zu erkennen, der ästhetische Schein wird als solcher demaskiert. Der ironische Stil verweist auf die Konventionalität und Banalität des verwendeten Materials und ermöglicht dennoch, indem er sich über sie erhebt, neue Ausblicke, schafft trotz aller Abhängigkeit vom Altbekannten eine Atmosphäre der Heiterkeit und Souveränität: „Hier blühen, vom Rheingaugebirge vor rauhen Winden bewahrt und der Mittagssonne glücklich hingebreitet, jene berühmten Siedlungen, bei deren Namensklange dem Zecher das Herz lacht, hier Rauenthal, Johannisberg, Rüdesheim, und hier auch das ehrwürdige Städtchen, in dem ich, wenige Jahre nur nach der glorreichen Gründung des Deutschen Reiches, das Licht der Welt erblickte.“[55]

Der herkömmlichen sprachlichen Ironie ist es um die Wahrheit zu tun: Sie ist Verstellung, die die Wahrheit wie in einem Vexierbild erscheinen läßt, unausgesprochen, oszillierend zwischen vordergründig Gesagtem und hintergründig Gemeintem. Wenn Shakespeare Marc Anton sagen läßt: „Brutus is a honorable man“, so ruft er beim Publikum die Ahnung von Wahrheit herauf, ohne diese selbst in den Mund zu nehmen. Die Ironie inszeniert die dialektische Beziehung von Wahrheit und Lüge, ohne sie auf fixe Positionen festzulegen, sondern indem sie sie in einem endlosen Spiel der Spiegelungen ständig die Plätze wechseln läßt.

Der traditionellen Literaturkritik gelten alle drei Formen – auch wenn sie im Zeichen der Kritik am Uneigentlichen stehen – nicht als „wahre" originäre Kunst. Beda Allemann betont den sowohl in lebensgeschichtlicher als auch kulturgeschichtlicher Hinsicht „spätzeitlichen" Charakter der Ironie, die dann zur Anwendung käme, wenn nichts Neues mehr erobert, sondern das Alte noch einmal spielerisch angeschnitten würde – was sich sowohl am Alterswerk mancher Autoren beobachten ließe als auch am Ausgang mancher Epochen (wie es die Postmoderne sein könnte), wenn die grundlegenden Koordinaten einer Kultur bereits festgeschrieben sind und nur noch an und in ihnen gearbeitet werden kann.[56] Alle drei Haltungen laufen Gefahr, nicht als solche erkannt und als originärer Ausdruck mißverstanden zu werden. Alle drei Haltungen bedürfen eines intelligenten Lesers, der die Intention des Autors erkennt; die postmoderne Pastiche bedarf darüber hinaus noch eines Literaturkitikers, der das (gebildete) Publikum über die Intention des Autors belehrt. Ansonsten läuft das postmoderne Pasticcio Gefahr zu bleiben, was es seiner ursprünglichen Bedeutung nach ist: ein mehr oder weniger schmackhaftes Mahl, zusammengerührt aus den Resten vom Vortag, das sich weniger feine Gaumen als frischgemacht andrehen lassen.

Judith Ryan beschreibt anhand von Patrick Süskinds Roman „Das Parfüm",[57] welche Klippen die postmoderne Pastiche zu umschiffen hat: Während einerseits die Gefahr bestünde, der „scheinbar hohe Stil des Buches" könne als „Zeichen schöpferischer Ursprünglichkeit" mißverstanden werden, könne das Publikum andererseits auch „Spuren einer schon vorgeformten poetischen Sprache erkennen" und somit den Roman für „zweitrangig" halten. Hier muß der Kritiker rettend eingreifen: Als treuem Vasallen seines Schriftsteller-Herrn kommt ihm die Aufgabe zu, die irrigen Meinungen, die sich in den Köpfen der Leser, und zwar nicht nur der „Bestselleranhänger", bilden, immer wieder zurechtzurücken.

Doch leicht hat es auch der Kritiker bei seinem Ritt über den Bodensee nicht, läßt sich doch mit dem Begriff „Pastiche" im Grunde wenig Staat machen. Allzusehr erinnert seine ursprüngliche Bedeutung an das bloß Abgekupferte, Operettenhafte, an den Verwertungsgedanken. Man muß sich schon etwas einfallen lassen, um die Pastiche als Kunst zu rechtfertigen: Judith Ryan tut dies, indem sie dem Roman „Das Parfum" eine „zweideutige Existenz an der Grenze zwischen Pastiche und Parodie" bescheinigt. Was heißen soll, Süskinds Wiederholung sei keine beliebige, begangen aus epigonalem Geist und kaufmännischem Kalkül, sondern wolle, ganz im Sinne herkömmlicher Ironie und Parodie, Kritik an den literarischen Haltungen der Vergangenheit üben. Süskind zeige, „inwiefern der Schriftsteller von heute einer literarischen Tradition verpflichtet ist, die den Künstler als pseudo-göttliche Figur und dessen Werke als autonome Produkte einer ursprünglichen Einbildungskraft vorstellt".[58] Auch wenn Süskinds Roman die Verstrickung in vormodernen Erzählformen (die für ihn, nicht unbedingt jedoch für andere Autoren gelten mag) beweisen sollte, so tut er dies nicht auf kritische, sondern auf mimetische Weise, die um Anerkennung als Kunst heischt. Die Moderne hat den Autor als Demiurgen sowie die Illusion des authentischen Sprechens abgeschafft: nur die Trivialliteratur wiederholt unbewußt und ohne jegliche Ironie die Denk- und Sprachklischees des vormodernen Romans. Darüber vermag auch die angeblich bewußte Inszenierung trivial gewordener vormoderner Formen nicht hinwegzutäuschen. Womit die postmoderne Pastiche weniger ihre Nähe zu Ironie und Parodie als zum Kitsch der Unterhaltungsindustrie offenbart, dessen Funktionsprinzip ja ebenfalls in der ewigen unironischen Wiederholung besteht. Bei den postmodernen Texten schlägt sich die latente Ironie der Wiederholung vielmehr als unfreiwillige Komik zu Buche, etwa im Pathos des hohen Stils, der – wie bei folgenden Zitaten – nur mehr lächerlich wirkt:

> Ein langsamer, schweifender Blick glitt tief ins Land hinein, strich über Pinienwälder hinweg, über dahinrollende, schwarze Hügel, die Dächer von Gehöften, dann über die langen Kämme einer Brandung, schwang sich den Sicheln der Strände nach und näherte sich im dichten Schatten einer Allee, nun wieder gleitend, einem Palast, der wie ein erleuchtetes, festliches Schiff in der Nacht lag: Kuppeln, Arkaden, Freitreppen und hängende Gärten.

> Neues Geschrei, stärker und anhaltend, erhob sich zwischen den beiden schützenden Granitsäulen, als die Prunkgondel bei der belebten Piazza anlegte. Die schwarze und dichte Menge wogte dazwischen hin und her, und die leeren Nischen der herzoglichen Loggien füllte ein wirres Geräusch, wie das Brausen, das die Höhlen der Seemuscheln zu beleben schien. Dann plötzlich stieg erneutes Rufen in die leuchtend klare Luft auf, brach sich oben an dem schlanken Marmorwald, erhob sich über die Köpfe der hohen Statuen, erreichte die Zinnen und die Kreuze und verlor sich in der abenddämmernden Ferne.

Zwei Zitate, die einander zum Verwechseln ähnlich sind, nicht nur hinsichtlich Wortwahl und Duktus, sondern vor allem auch hinsichtlich der Dynamik: hier der Blick, der schweift, tief ins Land hineingleitet und sich schließlich einem Palast nähert, dort das Rufen, das aufsteigt, Zinnen und Kreuze erreicht und sich in der abenddämmerden Ferne verliert. Dabei liegt ein knappes Jahrhundert zwischen ihrer jeweiligen Entstehung: das erste stammt aus Christoph Ransmayrs Roman „Die letzte Welt",[59] das zweite aus Gabriele d'Annunzios „Das Feuer".[60] In der Deutung des Kritikers allerdings schlagen sich sogar die offensichtlichen Mängel dem Text als Plus zu: „Die absichtlich schwerfällige und ungeschickte Verwendung bekannter Zitate ist als deutlicher Hinweis auf den Parodiecharakter des Textes zu verstehen."[61]

Aus der Menge des Unauthentischen, die dank Massenkommunikation und alltäglichem Gerede der Menschen tagtäglich anwächst, wählt die Postmoderne ein ganz bestimmtes Unauthentisches aus, und zwar nicht, um dieses als solches preiszugeben, sondern um dankbar an der Aura des Authentischen zu partizipieren, mit dem sich dieses zu umgeben weiß, beziehungsweise die es als anerkanntes Kunstwerk tatsächlich einmal besessen hat. Ihr Kalkül besteht in der Hoffnung, die unironisch wiederholten Texte würden allein kraft der Wiederholung ihre ursprüngliche oder im Lauf der Zeit erworbene Trivialität abstreifen und ein wenig von ihrem ehemaligen Glanz möge auch auf den Autor fallen, der sich ihrer heute bedient.

Der postmodernen Ironie fehlt, was Ironie erst zu Ironie macht: die kritische Funktion. Umberto Eco zum Beispiel begnügt sich in „Der Name der Rose" damit, auf eine an und für sich ironische Strategie anzuspielen. Indem er seinen Roman mit den Worten „Natürlich, eine alte Handschrift" beginnt, glaubt er den Anspruch der Ironie gleich in doppelter Weise zu erfüllen: Indem er die Strategie der romantischen Ironie – die den Schein anficht, der dem unter der Trennung von der Mutter (Natur) leidenden Menschen im Ästhetischen die Illusion des Eins-Seins schenken soll – „ironisch" wiederholt.

Auch bei Eco verkommt der literarische Kunstgriff zur bloßen Geste. Das Signal „Ironie!" erweist sich als Aufputz, der einen Text, der – wie Eco selbst eingesteht – jeglicher sprachlicher Arbeit entbehrt, als Literatur legitimieren soll. Während die (romantische) Ironie einen Angriff auf den ästhetischen Schein darstellt (die „alte Handschrift", die sich in besonderer Weise dazu eignet, sich ironisieren zu lassen, da es – wie Benjamin anhand des Dramas ausführt – als vorgeblich authentisches Dokument ein hohes Maß an Illusionskraft enthält und dadurch Ironie in hohem Maße in sich aufnehmen kann, ohne sich völlig aufzulösen), um ihn dadurch als letztlich unzerstörbar auszuweisen, läßt sich die postmoderne Literatur gemütlich in ihrer Scheinhaftigkeit nieder. Das Interesse der postmodernen Ironie liegt absolut nicht in der Zerstörung des Scheins, sondern ganz im Gegenteil darin, zur Scheinhaftigkeit zurückzukehren, nach den Experimenten der Moderne wieder ungeniert erzählen zu dürfen. Das Signal „Ironie" legitimiert den Kunstanspruch und bewahrt die Rückkehr zu vormodernen Erzählformen vermeintlich davor, ins Triviale abzurutschen.

Das Vorbild der postmodernen Literatur ist nicht die Romantik, sondern der Ästhetizimus, der die Scheinhaftigkeit, nicht nur der Literatur, sondern der Wirklichkeit schlechthin postuliert, die demnach selbst bloß als ästhetisches Phänomen faßbar sei. Auch theoretisch beruft sich die Postmoderne auf jene Tradition innerhalb der abendländischen Ästhetik, die, von Plato bis Nietzsche, Wirklichkeit als bloßen Schein und Kunst als „Schein des Scheines" wahrnimmt. Der Ästhetizismus der letzten Jahrhundertwende findet seine Fortsetzung im postmodernen Postulat von der totalen Durchästhetisierung des Alltags (und somit auch der Politik, die – so Benjamin – im Faschismus mündet), wonach jedes Zeichen immer nur auf ein anderes verweise und es somit kein Entrinnen aus dem Reich des Ästhetischen gebe.

Wenn Kunst keine Wahrheit transportieren muß, das Ästhetische sich in Bezug auf die Wirklichkeit völlig autonom verhält, ja diese selbst ein ästhetisches Phänomen ist, verliert der „Schein" seinen negativen Beigeschmack von Lüge und Täuschung, er bezieht sich nicht länger auf eine Idee, der er zum „Scheinen" verhelfen soll, sondern wird zum Wert an sich. Aus seinem dialektischen Verhältnis zur Wahrheit befreit, verliert der Schein jegliche Erkenntniskraft und wird im Sinne der Rhetorik zu einem reinen Phänomen der Wirkung. Der „Glanz" des Schönen überlistet die Reflexion, der sinnliche Genuß des Schauens tritt an die Stelle des intellektuellen Genusses der Erkenntnis. Die Literatur des Ästhetizismus, des „Kultus des Unwahren",[62] ist reiner Selbstzweck. „Die Kunst ist ein ernsthaftes Spiel und gleichzeitig ein Spiel ohne Einsatz", so Antonio Tabucchi, „denn in der Kunst spielt man nicht, um zu gewinnen oder zu verlieren, sondern um des bloßen Spielens willen."[63]

Die postmoderne Literatur kokettiert zwar mit dem Wissen um die Schein- oder Lügenhaftigkeit jeder (literarischen) Wirklichkeit, weigert sich jedoch, sich mit dem Widerspruch zwischen der Aussage und den Bedingungen des eigenen Sprechens auseinanderzusetzen. Sie spricht zwar ständig von Täuschung und Lüge; doch weit davon entfernt, diese in ihrem Verhältnis zur Wahrheit darzustellen, setzt sie ihr die Erfahrung beziehungsweise die Wahrheit aus zweiter Hand, Zitat und Klischee entgegen. Während jede Literatur, die „etwas taugt", auch die des „Scheins", sich gezwungen sieht, den Widerspruch als sprachliche Paradoxie zu inszenieren, fehlt der postmodernen Literatur das Wissen um das dialektische Verhältnis von Wahrheit und Lüge, das sie die Lüge in der Wahrheit und umgekehrt suchen ließe; anstatt sich ihr eigenes Diktum, alles sei Täuschung, alles sei Lüge, von ebendiesem in Frage stellen zu lassen, glaubt sie, einen archimedischen Punkt außerhalb gefunden zu haben, von dem aus sich Scheinhaftigkeit und Trivialität zur wahren, zur eigentlichen Originalität erklären lassen.

Die postmodernen Autoren verharren in einer Position, die sie dazu zwingt, sich mit der reinen Benennung ihres Dilemmas zufriedenzugeben. Sie stecken gewissermaßen auf halbem Weg fest, sind einerseits der Unschuld des Trivialautors verlustig gegangen, der selig vor sich hinschreibt, ohne sich um die Bedingungen seines Schreibens zu kümmern, können sich andererseits jedoch auch nicht zu einer Haltung durchringen, die, indem sie über das Sein des Autors in sogenannt postmodernen Zeiten reflektierte, dieses auch schon wieder überwunden hätte. Den postmodernen Autoren liegt es fern, sich mit den Voraussetzungen ihres Schreibens auseinanderzusetzen. Den postulierten Zustand der „Erfahrungslosigkeit" nehmen sie dankbar hin, als Arbeitserleichterung gewissermaßen, und zementieren ihn somit als unüberwindbaren. Sie gefallen sich darin, kokett auf ihre Grenzen hinzuweisen, innerhalb derer sie die Unermeßlichkeit der Kunst vermuten. Beispiele dafür lassen sich genug finden, denn die postmodernen Autoren lieben es, kleine, leicht erkennbare Metaphern ihrer Befindlichkeit in ihre Texte einzustreuen. Nicht nur die Titel vieler Werke – „Schwindel. Gefühle“ von W. G. Sebald, „Das Parfüm“ von Süskind – wissen um ihr Dilemma, auch inhaltlich wird das Motiv der Täuschung, der Imitation, immer wieder angeschlagen. Antonio Tabucchi läßt in seinem Roman „Requiem“, der unter anderem auch ein Plädoyer für die Postmoderne sein will, einen Kopisten auftreten, der sich aus Mangel an Inspiration darauf beschränkt, Details aus einem Bosch-Gemälde abzumalen. Grenouille, der Protagonist aus Süskinds Roman, der sich selbst nicht riechen kann, erfindet alle möglichen synthetischen Düfte, um die Menschen zu betören und für sich einzunehmen.

Christoph Ransmayr beschreibt anhand einer Filmvorführung im antiken Tomi, wie Hollywood Illusionen kreiert: „Die Zuschauer auf den Holzbänken kannten die Stürme des Schwarzen Meeres und hatten sich im Fortgang der Katastophe längst darüber verständigt, daß über Tereus Mauer doch nur die Bilder einer schlechten Täuschung brausten, daß dieser Ozean dort oben in Wahrheit wohl nur laues, in einem Bottich aufgewühltes Wasser war und das gesunkene Schiff kaum größer als ein Spielzeug. Man war in Tomi zwar mit solchen und anderen Täuschungen und Trugbildern vertraut und sehnte sich in der Monotonie eines Jahres oft nach dieser betörenden Abwechslung ... aber selbst der blöde Battus konntc sehen, daß an diesen Sturmbildern nichts Glaubhaftes war.“[64]

Und Ransmayr scheint auch zu wissen, wie man der Entlarvung durch das Publikum zuvorkommt: „Das Unheil war durchschaut. Als Cyparis begriff, daß sein Drama Gefahr lief, alle Kraft zu verlieren, erhöhte er die Lautstärke der Musik und des Sturmgeheuls und überspielte so den groben Spott aus dem Publikum.“[65]

Genau darin besteht das Dilemma der postmodernen Literatur: Sie beschreibt den Mechanismus der „schlechten Täuschung“ und meint, allein damit hätte sie bereits den Anspruch erfüllt, sich darüber zu erheben, mehr zu sein als ein „Bottich lauen, aufgewühlten Wassers“. Daher rührt das Erpresserische der postmodernen Literatur: Indem sie von ihrem Dilemma spricht, ohne es sprachlich zu konkretisieren, fordert sie Leser und Kritiker auf, sie am Anspruch zu messen und nicht an dessen Einlösung. Ein Werk, das vorgibt zu wissen, „schlechte Täuschung“ zu sein, kann es doch schon gar nicht mehr sein! Der künstlerische Anspruch verlagert sich somit ganz in den Gestus, mit dem das postmoderne Werk daherkommt. Darin könnte man eine Parallele zur Avantgarde sehen. Worin unterscheidet sich also der Gestus Duchamps, der aus einem Urinoir ein Kunstwerk macht, von dem der postmodernen Autoren, die eine triviale Erzählform zur Kunst erklären? In eben ihrem Kunstanspruch. Nichts ist leichter als eine Kunst zu produzieren, die als solche identifiziert werden kann. Genau darin besteht die Eigenschaft aller konventionellen Stile. Während innovative Kunst radikal mit herkömmlichen Vorstellungen bricht und somit die Kunst selbst zu vernichten droht (daher der Skandal oder zumindest das Unverständnis von seiten des Publikums), senden konventionelle Stile ununterbrochen die Botschaft aus: Achtung Kunst! Letztlich sieht man vor lauter Kunst das Werk nicht mehr. Während man zum Beispiel bei Duchamps *Fontäne* vor lauter Werk die Kunst nicht mehr sieht!

Im Betrieb jedenfalls funktioniert die Erpressung: Wer möchte sich schon nachsagen lassen, ein Werk, das seine Trivialität angeblich bewußt, in bester Kunstabsicht inszeniert, tatsächlich für trivial zu halten? Die postmoderne Literatur trägt ihre Mängel – die nicht geleistete sprachliche Arbeit, ihre Klischeehaftigkeit – so unverfroren hochstaplerisch zur Schau, daß keiner, und schon gar nicht die professionellen Kritiker, die die Blamage fürchten, diese als solche zu benennen wagen; wird einem doch ständig nahegelegt, daß es sich dabei nicht um eine Not, sondern um die Notwendigkeit der Imitation handle, um die einzige Möglichkeit, in Zeiten der Postmoderne Kunst zu machen. Damit allerdings reduziert sich die Funktion der postmodernen Literatur – wie die jeder Kunst, die ihre pure Scheinhaftigkeit nicht zu überwinden vermag – letztendlich auf die des Freizeitvergnügens. Auch Nietzsche als Theoretiker des Ästhetizismus mußte einsehen, daß die Kunst, so wie er sie konzipiert hatte, „auf die Gewissenlosen und Lässigen angewiesen ist, welche aber ihrer Natur nach, gerade der großen Kunst nicht zugethan sind und ihre Ansprüche als Anmassungen empfinden“.[66] Kunst als Zerstreuung muß, um den Erschöpften zu überwältigen, starke Reize ausüben, Rausch, Betäubung, Erschütterung garantieren. Das Konzept des Dionysischen, das sich ursprünglich als das radikal Andere der Vernunft sah, verkommt zum Effekt, der das Irrationale in der Manier des Horrorfilms inszeniert. „Liebe, Tod und Teufel“[67] sind die Lieblingsmotive der Dekadenzliteratur, mit deren suggestiver Kraft auch die postmoderne Literatur spekuliert. Vom Mord im Kloster in Ecos „Der Name der Rose“ bis zur Kannibalismus-Szene am Ende von Süskinds „Das Parfum“ scheut die Postmoderne vor keinem billigen Effekt zurück, der verspricht, lustvolles Schaudern auszulösen. Das schaurig Schöne als das Andere des faden Alltags. Kunst, die die Lust am Grauen nicht kritisch durchleuchtet, sondern gewissermaßen als menschliche Konstante hinnimmt, reduziert sich allerdings zum gesellschaftlichen Reflex, ohne jemals zur Reflexion durchzudringen.

Mechanische Zungen

Während die einen das Sekundäre für primär erklären, suchen die anderen den Sinn, die Lebensfülle, jenseits der abstrakten Worte. Während für die einen die Zeichen auf keinen Referenten, sondern nur mehr auf andere Zeichen verweisen, glauben die anderen, zwischen Zeichen und Referent tue sich eine Kluft auf, die sich von sich aus mit Sinn fülle. Der Dichter wird somit zum „mythischen Gefäß", der stumm auf die Erleuchtung wartet, die Dichtung zur Trägerin geheimer existenzieller Wahrheiten. Während die einen das Banale hinnehmen, so wie es ist, flüchten die anderen vor der Banalität in den Schwulst.

Für George Steiner etwa, der das Authentische auf einer Insel der *realen*, von keiner Abstraktion angekränkelten *Gegenwart* vermutet, muß die Literatur *tun als ob.*[68] Steiner sieht sich zwar als Gegner der Postmoderne, die er – weit davon entfernt, Unauthentisches als authentisch durchgehen zu lassen – ebenfalls dem Reich des „Sekundären" zuzählt. Diesem möchte er das Authentische, „reale Gegenwart" eben, gegenübergestellt haben, die sich jedoch, so Steiner, nur herstellen läßt, indem wir *tun als ob* sich im Kunstwerk noch immer das Göttliche manifestierte wie in vorindustriellen Zeiten. Wo sich Kunst weder auf die An- noch auf die Abwesenheit Gottes beziehen könne, seien – so Steiner – gewisse Dimensionen des Denkens und des schöpferischen Tuns nicht mehr zugänglich. Deshalb: Wir müssen *tun als ob* die Aura des Kunstwerks ungebrochen wäre. Denn Steiner kann sich „Sinn“ oder „Bedeutung“ nur insofern vorstellen, als sie religiös aufgeladen sind. Was nichts anderes heißt als die Wirklichkeit und die Bedingungen des künstlerischen Schaffens zu verleugnen und anstelle dessen das Hier und Jetzt einer Kulthandlung vorzutäuschen. Anstatt die Chance wahrzunehmen, daß aufgrund des „Rückzugs des Göttlichen“ ganz neue Dimensionen des Denkens und des schöpferischen Tuns zugänglich werden und somit der Kunst das einzige Programm zu geben, das sie als Kunst fortbestehen läßt, nämlich die veränderte und sich verändernde Realität zur Kenntnis zu nehmen, von wo aus sie ihre utopischen Vorstellungen entwickeln kann, wird ihr jeder scharfe, realistische Blick untersagt, was nicht nur im Kitsch, sondern auch in einer gewissen Kindlichkeit mündet. Steiners Religiosität hat etwas vom naiven Kinderglauben an den lieben Gott, der alles wiedergutmacht, seine Vision der Kunst erinnert an die Butzescheiben-Harmonie des Märchens, wo jeder abgebissene Finger wieder nachwächst. Wenn allerdings in ferner Zukunft die Sonne verglüht und die Erde den Kältetod gestorben sein wird, dann wird nicht einmal von Mozarts als unsterblich beschworener Musik der Schein eines Scheines übriggeblieben sein. Kunst läßt sich heutzutage nur machen, wenn sie die Realität der Sterblichkeit, auch ihrer Sterblichkeit akzeptiert. Tut sie das nicht, zementiert sie den ästhetischen Schein als ewigen – und ein Roman von Ransmayr klingt Ende des zwanzigsten Jahrhunderts wie einer von d'Annunzio hundert Jahre davor.

Dem *als ob* Steiners entspricht nicht die Möglichkeitsform der Utopie, die sich ausgehend von der Realität eine andere Welt erträumt, sondern die Verleugnung der Wirklichkeit, die Gott und Unsterblichkeit selbst dort noch halluziniert, wo es längst schon keine mehr gibt. Kunst wird somit einzig und allein vorstellbar als „Gegenschöpfung", entstanden aus dem Impuls des Künstlers, sich mit Gott, dem größten aller Schöpfer, zu messen. Auch wenn jedem kreativen Akt ein derartiges Moment innewohnen mag, so bedeutet doch die alleinige Beschränkung darauf, ein anderes, nicht minder wichtiges Moment, die Reflexion, das Nachdenken über die Bedingungen der Schöpfung, unter den Tisch fallen zu lassen. Ansonsten wäre ja jede Sandburg bereits Kunst. In logischer Konsequenz kann sich Steiner auch nicht erklären, warum ihn beim Anhören eines Chansons von Edith Piaf dieselben Wonne-Schauer überrieseln wie bei einer Mozart-Sonate. Wer von Kunst nichts anderes erwartet als ein Gefühl, dem fehlt tasächlich jede Möglichkeit, sie von Unterhaltung zu unterscheiden.

Kritik und Kommentar als Auswüchse des „Sekundären" haben bei George Steiner ihre Existenzberechtigung verloren: *Der Baum stirbt unter dem gierigen Gewicht der Kletterpflanzen,*[69] heißt es da, und schon ist es nicht mehr weit zum *parasitären* Dasein all derer, die sich vom Herzblut der Produktiven nähren.[70] Steiner wünscht sich den Kritiker als passiv-rezipierendes Gefäß, der das Werk aufnimmt und wiedergibt, sich gewissermaßen befruchten läßt vom anderen, bedeutenderen, um diesem sein Ureigenes vergrößert zurückzugeben. Das Verhältnis Autor-Kritiker als archaische Vorstellung des Geschlechtsverkehrs: der Mann aktiv und befruchtend, die Frau passiv und empfangend. Wie langweilig wäre eine solche Welt! Ehrfurcht anstelle von Witz und Respektlosigkeit, Fortpflanzung anstelle von Lust! Wer wie George Steiner nicht wahrhaben will, daß jedes Werk auch Kritik ist, Kritik an und Kommentar zu dem, was vor ihm war, will der Kunst den Status des Urtümlichen, Eigentlichen geben, als könne sie zurückkehren zu einem Zustand vor der Erschaffung der Welt, oder als könne sie diese in Eigenregie nehmen – nicht zufällig also die Rede von der Gegenschöpfung! Mit einer solchen Theorie bei der Hand ist auch schnell erklärt, warum den Frauen bislang keine „Zauberflöte" gelungen ist: Weil sie es aufgrund ihrer angeborenen Kreativität, ihrer Gebärfähigkeit, gar nicht notwendig haben, sich mit Gott, dem größten aller Schöpfer, zu messen!

Der Kunst, der Literatur, die sich Steiner zufolge in einem hypothetischen vernunft- und herrschaftsfreien Raum zu bewegen hat, droht das Abkippen in reine Beliebigkeit, das total Andere der Vernunft ist als solches nicht zu fassen, auch nicht im vermeintlich interessefreien Raum des Ästhetischen. „Die Wissenschaft ist nicht weniger munter ... in ihrer Erstellung von Modellen und Bildern. Doch ... zielen sie auf Beherrschung, auf Besitztum ab."[71] Allein die „Gegen-Schöpfung" und die „Gegen-Liebe", wie sie sich laut Steiner im Ästhetischen und dessen (unkritischer) Rezeption manifestieren, garantieren das Paradies der *realen Gegenwart.* (Parallel dazu läuft der ebenfalls im postmodernen Klima angesiedelte Versuch des Feminismus, „weibliche Ästhetik" total außerhalb und in Opposition zu einer als männlich empfundenen Norm anzusiedeln.)

Steiner, der sich bei seinem Plädoyer für das „Primäre" von Heidegger leiten läßt, hält sich für einen Verfechter des Wahren und Schönen, für einen Gegner von Kitsch und Ideologie, und übersieht dabei, daß das Programm, das er der Kunst verpaßt, noch schneller als jedes andere im verfemten „Sekundären", im Kitsch mündet. Das *als ob* Steiners ist die Haltung des Falschen und Hübschen, der Simulation, die reale Gegenwart eben nicht erzeugt, sondern im Heraufbeschwören vernichtet. Die Eigentlichkeit, die Steiner unter dem Motto *als ob* erzeugt haben möchte, ist der Jargon, den Adorno als „alltägliche Sprache" beschrieb, „jetzt und hier gesprochen, als wäre sie die heilige".[72] Der Unterschied besteht einzig und allein darin, daß Steiner die Religiosität zur Voraussetzung der „wahren Kunst" macht, während sie beim Jargon der Eigentlichkeit – den zum Teil auch die Postmoderne schreibt –, bloß als Nebenprodukt abfällt. Der Sinn, den Steiner für die Zeit „nach Gott" retten möchte, verkommt zum Tiefsinn: zu etwas Geheimnisvollem, Auratischem, das sein Vorhandensein einzig und allein seiner Unauffindbarkeit verdankt. Steiner vertritt eine Theologie der Kunst, die Idee des reinen Kunstwerks, dem die Aura, die es längst verloren hat, abstrakt eingehaucht werden soll.

Der Eindruck des Auratischen, Religiösen läßt sich allerdings spielend mit handwerklichen Mitteln erzeugen, ohne daß der Autor dabei – wie Steiner es gern hätte – von echter Hingabe beseelt sein müßte. „Wo der heilige Geist ausging, redet man mit mechanischen Zungen."[73] Man braucht dafür nur eine Sprache zu sprechen, die sich leerer, im Ruf des Bedeutungsvollen stehender Schablonen bedient, wodurch eine Diskrepanz entsteht, die sich automatisch mit Tiefsinn auflädt. Mit Tiefsinn, nicht mit Sinn, den die Benutzer des Jargons gerne der angeblichen Sinnlosigkeit der modernen Welt entgegensetzen möchten. Der TV-Prediger läßt grüßen: „Steiners Buch ist geschrieben in der deutlichen Wahrnehmung, daß die *Mitternacht der Abwesenheit* überschritten ist." Oder: „Ob man einem Kunstwerk begegnet sei, ... erkenne man daran, ob es einem im Zustand der Inspiriertheit zurückläßt. *Wir antworten mit Widerschein.*" So Botho Strauß,[74] auf dessen Literatur Steiners Kunstprogramm exakt zugeschnitten zu sein scheint.

Ein erzählerisches Mittel, das sich hervorragend dazu

eignet, den Effekt des Metaphysischen, des verborgenen Sinns zu erzeugen, ist der Rückgriff auf das mit der religiösen Literatur eng verbundene Genre der Parabel – nicht zufällig etikettiert auch George Steiner seine eigenen Erzählungen als „Parabeln“.[75]

Das Parabelhafte, dem das Dargestellte augenblicklich zum Symbol verkommt, entspricht schon insofern dem „als ob“ der Postmoderne, als es die „Doppelcodierung“, die Verleugnung der Unterscheidung in Objektives und Subjektives auf semiotischer Ebene inszeniert: Indem es die vermittlungslose Einheit von subjektiver Formsetzung und objektivem Bedeutungsgehalt zu garantieren scheint,[76] schenkt es dem Autor die Illusion, von sich zu sprechen, indem er von etwas anderem spricht. Paul de Man kritisiert den Symbolbegriff als „mystified form of language“: Die im Symbolbegriff unterstellte Einheit von Zeichen und Bedeutung entspräche der Bewegung, mit der das romantische Ich sich mit der Natur identifiziert.[77] In beiden Fällen wird die Wahrheit der Trennung von Subjekt und Objekt nicht ausgehalten. Während bei den Romantikern die Ironie die Funktion hatte, das Affirmative des Postulats der Form-Inhalt-Identität zu durchbrechen, verfolgt die postmoderne Ironie einzig und allein das Ziel, die Wiederholung zu rechtfertigen.

So wird die Parabel, das Symbolhafte zu etwas Absolutem, Metaphysischem, es entsteht der Eindruck einer dritten Realität, einer höheren Wirklichkeit. Die Beschreibung von Alders Schlaflosigkeit in Robert Schneiders Roman „Schlafes Bruder“ etwa gerät weder zu realistischen Rekonstruktion eines solchen Falles noch zur subjektiven Phantasie des Autors, sondern stellt sich als gleichnishafte Wahrheit dar, die, so will es der Text, als höhere für uns alle zu gelten habe. Als sähe der Autor, was den nicht Eingeweihten verborgen bliebe, und teile dies all jenen mit, die bereit sind, die Botschaft zu empfangen.

Viele postmoderne Texte durchzieht eine Atmosphäre des Unwirklichen, Märchenhaften, Illusionären. Das Erzählte schwappt hin und her zwischen der Banalität der Darstellung einerseits und dem vagen Verweis auf ein Absolutes andererseits. Bei Antonio Tabucchi etwa ist eine Reise durch Indien nie einfach eine Reise durch Indien, sondern mindestens auch die natürlich mißglückte Suche nach der eigenen Identität (bei der, so die Rezensenten, Chamisso Pate gestanden haben muß). Ransmayrs „Die letzte Welt“ will nicht einfach die Rekonstruktion von Ovids Exil in Tomi sein, sondern ... ja was eigentlich? Das Bequeme am Genre der Parabel besteht ja genau darin, daß ihr Wesen im Vagen, Ungewissen liegt, das sich einerseits zur Deutung anbietet und sich andererseits jeder verbindlichen Deutung verwehrt, was sie zu einem Liebkind der Deutschprofessoren und Rezensenten macht. In das Vakuum, das entsteht, wenn sich hinter dem Gesagten ein vermeintlich Ungesagtes verbirgt, kann ein jeder seinen eigenen Schwachsinn kippen wie beim Matura-Aufsatz: So liest etwa Robert Menasse Ransmayrs „Die letzte Welt“ als Parabel auf das österreichische Selbstverständnis;[78] ein Gleichnis auf unsere Existenz läßt sich allemal herauslesen: Befinden wir uns nicht alle im Exil?

Schon die Protagonisten der postmodernen Parabeln sind eine einzige Aufforderung, ihr Schicksal nicht als individuelles mißzuverstehen, sondern als typisches anzuerkennen, was sie gewissermaßen zu mythischen Helden macht: Grenouille, der Duftwässer mischende Mörder aus Süskinds „Das Parfum“ kann sich selbst nicht riechen, Alder aus Schneiders „Schlafes Bruder“ findet keinen Schlaf, bis er stattdessen den Tod findet, die „große Eulalia“, die

Protagonistin aus Paola Capriolos gleichnamiger Erzählung schließt sich in einem Spiegelzimmer ein, aus dem sie sich nicht mehr zu befreien vermag. Doch obwohl die Heroen der postmodernen Parabeln mit den Paraphernalia eines Narziß oder eines Peter Schlemihl daherkommen, bleiben sie letztlich völlig unbedeutend für unsere zeitgenössische Existenz. Insofern entsprechen sie dem Postulat George Steiners, die Auslegung des Mythos sei Verflachung: Nicht der Inhalt des Mythos ist demnach entscheidend (der, um produktiv zu werden, von jedem Autor und von jedem Zeitalter neu erarbeitet werden muß), sondern das Mythische selbst, die Aura, die den geheimnisvollen Kern umgibt. Die emanzipatorische Leistung des Mythos, das Chaos zu ordnen und zu deuten, fällt dabei unter den Tisch: Das Beharren auf dem Mystischen schlechthin hingegen zementiert den Mythos und die mythische Verhaftung des Menschen als ewige.

Das Beunruhigende, Chaotische, das den Autor einst herausforderte, es als Mythos, als Literatur zu erfassen, ist bei den postmodernen Autoren längst nicht mehr vorhanden. Sie reproduzieren allein die Hülle und verzichten, indem sie ihre möglichen Interpretationen bereits nahelegen, auf die Inkommensurabilität, die ihre Vorbilder noch auszeichnete. Das Ungewisse, letztlich nicht zu Erledigende an Kafkas Erzählungen nimmt mit keiner Interpretation ab, während die Gleichung Schlaf-Tod in den Ohren eines nicht nur an modernen Texten sondern auch an modernen Interpretationen geschulten Publikums klingt wie der Reim Herz-Schmerz. Der Sinn der postmodernen Parabeln, die die durch die Mythendeuter der Moderne geleistete Arbeit zugleich voraussetzen und verleugnen, kommt allein durch ihre Interpretation zustande und wird im selben Augenblick von dieser zerquetscht. Die postmodernen Autoren meinen, sie könnten die Mythen und Motive der abendländischen Kultur weiterverwenden, ohne daß diese ihren Zauber verlören, der, aus zweiter Hand übernommen, allerdings ein falscher ist. Der Versuch, das Mythische zu reproduzieren, ohne einen neuen Mythos zu schaffen, rächt sich am Autor als Kitsch.

Wie Fliegen in Bernstein

Wie Fliegen in Bernstein, so tot und so schön sind die Worte der postmodernen Literatur, denn sie hält es mit allem Erstarrten: Ihr Rohmaterial holt sie sich vom Friedhof der europäischen Kultur und baut es zu Monstern zusammen, die zwar nicht so recht lebendig werden wollen, geschminkt und parfümiert aber immerhin vergessen lassen, daß sie bereits in den Zustand der Verwesung übergehen. Daher rührt ihr Ästhetizismus, dem alles vermeintlich Grausliche zum vermeintlich Schönen verkommt. Vordergründig spricht die postmoderne Literatur stets vom Ekelhaften, Widerwärtigen: Grenouille, der monströse Massenmörder aus Süskinds „Das Parfum" wird am „allerstinkendsten Ort"[79] in ganz Paris, einem ehemaligen Friedhof, an dessen Stelle sich mittlerweile ein Marktplatz befindet, geboren. Die Fische, die seine Mutter gerade ausnimmt, „stanken bereits so sehr, daß ihr Geruch den Leichengeruch überdeckte".[80] Das Ungeheuer aus Robert Schneiders „Schlafes Bruder", Elias Alder, an dem sich eine Art Wunder vollzieht und der alle Töne dieses Universums auf einmal hören darf, verliert im Laufe dieses Initiationsritus „alle Exkremente des Körpers, vom Schweiß bis zum Kot in ungewöhnlich großen Mengen".[81] Kurz davor „wurde ihm das Gliedchen stämmig, und das frühe Sperma rann mit Urin und dem Blut des Nabels in einem dünnen Rinnsal warm die

Leistenbeugen hinab." Christoph Ransmayr beschreibt in „Die letzte Welt" den Säuretod von Schnecken: „Nein, das war kein Moos, das waren keine Flechten auf den Steinen; das waren Hunderte, Tausende kleiner Nacktschnecken, ineinander verschlungen und übereinander kriechend bedeckten sie diese Steine an vielen Stellen, lange, schimmernde Polster ... und Cotta begriff, daß dies der Lärm des Sterbens war, das Entsetzen und der Schmerz der Schnekken ... die Schnecken wanden und krümmten sich unter der furchtbaren Wirkung der Säure und stießen in ihrem Todespfeifen Trauben von Schaum hervor, Schaumblüten, glitzernde, winzige Blasen ... Die Dunkelheit war erfüllt vom feinen Gesang des Schmerzes."[82] So schön kann Sterben sein: dekorativ wie auf einem Jugendstil-Dessin.

Das Grausliche und das Schöne halten sich die Waage: Das eine verweist auf das andere, das eine ist ohne das andere nicht denkbar. Das Schöne adelt das Grausliche, das durch die Ästhetisierung nicht verändert, sondern nur behübscht wird. Es ermöglicht dem Autor, von seinem Lieblingsthema – Tod, Verwesung, Scheiße – zu sprechen, ohne sich die Hände schmutzig zu machen. Die beschönigende Idealisierung triumphiert über den Realismus des Inhalts und der Darstellung.

Peinlicher als die Ästhetisierung auf inhaltlicher Ebene, derer sich die postmodernen Autoren ja nicht zu schämen bräuchten (immerhin findet der Ästhetizismus ein paar brauchbare Vorbilder im letzten *fin de siècle),* ist jedoch die Idealisierung der Sprache als tote, die der Verwundbarkeit des individuellen Stils die Ewigkeit erstarrter Schablonen vorzieht. Die als solche gepriesene Schönheit des Stils trägt allerdings unauslöschlich den Eindruck des negierten Gegenteils in sich: Die postmoderne Literatur muß sich als schön und edel zu erkennen geben, um das absolut Mechanische ihrer Machart zu verbergen. Sie will sich keine Unvollständigkeit, keine Brüchigkeit eingestehen, sie will perfekt sein, abgeschlossen, glatt. Sie will ihre Worte nicht beschmutzt sehen, selbst als beschmutzte sollen sie noch rein sein. Sie will jede Spur von Analität tilgen, die sie als niedere verachtet. Sie will erhaben sein über die Scheiße und den Gestank, von denen sie so gern spricht, als auch über die Geschäftemacherei, zu der sie sich so gut eignet (sodaß selbst der Bestseller noch sich vormachen darf, er widersetze sich in seiner Gefälligkeit den Mechanismen des Marktes).[83] Sie meint, die Kostbarkeit der Ware (zum gekünstelten, „erlesenen" Stil Christoph Ransmayrs gesellen sich zum Beispiel Bleisatz, Leineneinband und verschmockte Illustrationen), die diese erst recht zu einem Fetisch macht, würde vergessen machen, daß auch sie als Ware gehandelt wird.

Auf der Ebene des Inhalts spielt die postmoderne Literatur kokett mit dem Wissen um ihre Verleugnung: Grenouille, der „abscheulichste" aller Mörder, der sich selbst nicht riechen kann (weil er, will man – anders als die postmodernen Autoren – die Sprache beim Wort nehmen, zu sehr stinkt), erfindet alle möglichen synthetischen Düfte, um sich bei den Menschen einzuschmeicheln. Der Duft verdeckt den darunterliegenden Gestank genauso gut oder schlecht wie die Kostbarkeit des postmodernen Produkts das kaufmännische Kalkül. Allerdings sind Idealisierung und Ästhetisierung nur ein dünner Film, unter dem die Schäbigkeit und die Banalität des verwendeten Materials stets aufzutauchen drohen: Fällt der glitzernde Anstrich weg oder wird er als Lüge entlarvt, dann rettet das derart Aufgemotzte nichts mehr vor dem Absturz ins Nichts.

Die postmoderne Literatur ist angewiesen auf Leser, denen es nichts ausmacht zu reagieren wie der Pawlowsche

Hund: mit oder ohne Speichelfluß. Wie dem Autor ist auch dem Leser jegliche Erfahrung verwehrt: Es gibt keinen Freiraum, sich angesichts des Beschriebenen zu entscheiden, es grauslich zu finden oder nicht, dafür sorgen allein schon Signalwörter wie „abscheulich" oder „allerstinkendster" Ort, die die Dinge nicht beschreiben, sondern benennen. Reagiert also der Leser nicht auf die ihm nahegelegte Weise, nämlich mit wohligem Schaudern, bleibt ihm nichts anderes übrig, als das Buch gelangweilt wegzulegen. Insofern ist das postmoderne Werk das reine Gegenteil des „offenen Kunstwerks", das es in seiner „Vielfachcodiertheit" gerne wäre, denn die eventuelle Mitarbeit eines Lesers kann sich nur störend auswirken. Umsonst wird dieser versuchen, seine eigenen Erfahrungen an denen des Werks zu messen, ist ihm doch seine Reaktion genau vorgeschrieben. Trivialliteratur empfindet für den Leser, so wie Popmusik „für den Hörer hört".[84] Im Falle der ästhetisierenden postmodernen Literatur ist es ein moderater Ekel, der dem Leser nahegelegt wird, dessen Ich-Integrität dadurch jedoch in keiner Weise bedroht wird, sondern sich augenblicklich im wohligen Gruseln des „schaurig Schönen" auflöst. Der Jargon der postmodernen Literatur wirkt wie eine Droge: Die Reize, die er aussendet, machen Hunger, nicht satt. Er baut auf die Aufrechterhaltung einer ewigen Vorlust, die den Leser in Spannung versetzt und nie befriedigt. Wer sich von der Hoffnung auf die versprochene Erfüllung hinhalten läßt, dem bleibt nach der Lektüre außer der Enttäuschung ein schales Gefühl wie nach exzessivem Zuckergenuß.

Eine Literatur, die „etwas taugt", bekennt sich im Gegensatz dazu nicht nur zur Triebhaftigkeit ihrer Phantasien, sondern legt vor allem die Reaktion des Lesers in keiner Weise fest. Bei Josef Winkler etwa, dessen Literatur sich auf obsessive Weise mit Tod, Kot und Verwesung beschäftigt, tritt jegliche Idealisierung zurück zugunsten einer maximalen Alltäglichkeit und Nüchternheit der Darstellung, die einen größtmöglichen Freiraum für die Phantasietätigkeit und die Reflexion des Lesers schafft. Umsonst wird man bei Josef Winkler nach Adjektiven wie „abscheulich" oder „eklig" suchen, die den Leser auf eine bestimmte Reaktion festzunageln versuchen. Stattdessen findet sich hier nur die nüchterne Beschreibung, die auf nichts anderes verweist als auf die bezeichneten Gegenstände selbst: „Eltern banden die nackte Leiche ihres Kindes an einen Strick und ließen sie zu den hunderten anderen faulenden Leichen und Menschengerippen ins Massengrab hinab. War der Verstorbene arm, so wurde er in Neapel zum völlig ungeschmückten *Campo Santo della Pietà* gebracht, der sich aus 365 numerierten Gruben zusammensetzte, in denen kalendarisch die Toten des Tages ohne Särge, völlig nackt begraben wurden ..."[85]

„Was der Form nach zu überfliegen scheint, worauf es sich bezieht, setzt dadurch sich als Höheres."[86] Die postmoderne Literatur mit ihrem Ästhetizismus, mit ihrer Idealisierung nicht nur der als niedrig verachteten Analität, sondern vor allem der toten, banalisierten Sprache, ist ein würdiger Nachfolger des „Jargons der Eigentlichkeit", wie ihn Adorno beschrieb. Vor allem die deutschsprachige postmoderne Literatur reiht sich ein in die Tradition der Antimoderne, deren Zivilisationkritik schon immer darin bestanden hat, den als uneigentlich empfundenen Gegebenheiten ein Eigentliches entgegenzusetzen, das sie zumeist in der Vergangenheit zu erblicken glaubt. Nicht zufällig ist die Postmoderne ein Phänomen vor allem jener Nationen – BRD, Italien, Österreich –, denen der Hang zur faschistischen Rhetorik mit ihrem Pathos, ihrer Todesverliebtheit und ihrer Verneinung der Geschichtlichkeit nicht auszutreiben ist, weshalb sich auch die im Frühjahr '94 im deutschsprachigen Feuilleton geführte Diskussion, ob etwa Botho Strauß ein Ohrenbläser der neuen Rechten sei, erübrigt: Wer den „Aufstand gegen die sekundäre Welt" propagiert, ruft zwar nicht zum Ausländermord auf, gibt aber klar zu verstehen, was er von den vermeintlichen Nutznießern der Sphäre des Eigentlichen hält, die weder der Sphäre der „realen Gegenwart" angehören noch ehrfurchtsvoll vor ihr erschauern, sondern sich aufs Kommentieren und Kritisieren beschränken müssen: „Die Schutzhülle des Textes ist zur Flechte des Parasiten geworden, der seinen Wirt zersetzt und überwuchert."[87]

Auch der Jargon der Postmoderne verfolgt insgeheim demagogische Ziele. Dem euphemistisch als „Cognitariat" bezeichnetem Kleinbürgertum, das trotz Matura weder politisch noch kulturell etwas zu sagen hat, gaukelt er vor, daß es doch auch zu Höherem befähigt sei. Die postmoderne Literatur ist die bevorzugte Lektüre der Halbgebildeten, die die Sprache, die sie sprechen und täglich lesen, auch gerne zwischen Buchdeckeln wiederfinden. Vor allem die, die von Berufs wegen mit etwas befaßt sind, wofür sie nicht die kulturellen Mittel besitzen, erkennen am Kunsthandwerklichen das eigene und zugleich auch das andere, das ihnen Zugang zu den sogenannt höheren Sphären verspricht: eine Literatur, die ihnen reale Machtverhältnisse und Abhängigkeiten vor Augen führt, schätzen sie nicht so sehr.

Mit Vorliebe bedient sich der Jargon eines archaisierenden Stils, wie ihn etwa Robert Schneider schreibt, der seinen Lesern noch vor jedem Inhalt zu verstehen geben will, es gäbe eine Sprache, die sich in der kalten Welt des ausgehenden zwanzigsten Jahrhunderts jeder Rationalisierung widersetze. Der Ton dieser Literatur erinnert an Adventsingen im Fernsehen: altes Brauchtum, das nach der Zerstörung vom elektronischen Medium auf Reisen geschickt wird, damit sich die am Fließband Ermüdeten in ihren Wohnblocks wie zu Hause fühlen.

Der altfränkische Jargon, den zum Beispiel Robert Schneider schreibt, versucht dem Leser zurückzugeben, was er so nie besessen hat: Gespickt mit Archaismen und pseudodialektalen Wendungen, die wohl auf das Bodenständige, tief im „Vorarlbergischen" Verwurzelte verweisen wollen, überführt er sich selbst als Parodie: Unverständliches wie „Gaden" und „Widum", „itzo" und „item", das das Altertümliche in der Sprache feiert, glänzt in einer ansonsten reibungslos vor sich hinplätschernden Alltagssprache, die auch nicht vor den abgegriffensten Vokabeln populärwissenschaftlichen Zuschnitts wie „masochistisch" oder „verpotenzieren" zurückschreckt. Der Jargon ist einerseits stolz auf seine Unkompliziertheit, die selbst dem Denkfaulsten noch die Lektüre ermöglicht, andererseits auf die vermeintliche Gewähltheit beziehungsweise Originalität des Ausdrucks, die für literarische Ambition stehen soll. Der Protagonist aus Schneiders Roman, der „sein Leben zu Tode bringt", der „Lamparter", der sich „dunkel des Ersten Feuers besinnt", werden in ihrem schlichten Bombast nur noch von einem „Eschberger" übertroffen, „der alles zu verkochen weiß". Um sprachliche Stimmigkeit braucht sich der Jargon, der meint, er könne sich über die Trivialität der Sprache hinwegsetzen, indem er ihr die Pseudo-Originalität des Ausdrucks entgegenstellt, nicht mehr kümmern: Gebärende „gellen" vor Schmerzen, Köpfe sind „überdehnt" und „geschwätzig", Unterlippen „geschwellt", ein Blick bohrt sich „tief ins Knie". Während es bei Heidegger noch „glockt und glockt",[88] wird bei Schneider „geschuht", „genast" und „geschrenzt". So mancher steht wie „angewurzt". Beinahe rührend, wie hier historische und geographische Authentizität heraufbeschworen werden soll – vom Autor wie vom Kritiker, etwa vom Schriftstellerkollegen Erich Hackl, der Schneiders Sprache eine „Fülle von exakten Begriffen", sowie einen „genau kalkulierten Griff nach archaischen und dialektalen Formen"[89] bescheinigt.

Ihrem Kontext entrissen, sollen die Worte in ihrer fiktiven Altertümlichkeit (der Vergleich mit den Türmchen und Zinnen neo-gotischer Schlößchen drängt sich auf), einen Sinn herstellen, den es so nie gegeben hat. Der Jargon reflektiert das Altertümliche nicht, er erfindet und zementiert es als den „wahren", den „besseren" Ausdruck. In der „guten alten Zeit", bringt der Jargon implizit, noch vor jedem Inhalt zum Ausdruck, war das Leben griffiger, die Literatur vollmundiger. Keinem zerfielen die Worte wie Morcheln im Mund, der Sinn des Lebens war unbestritten, die Aura des Dichters unangefochten. Die postmoderne Literatur geht mit den Worten um wie mit den Mythen: Aus ihrem Kontext gelöst, der Zeugnis ablegen würde sowohl von den Umständen ihrer Entstehung als auch vom wechselnden Umgang mit ihnen, sollen beide ihr vermitteltes, begriffliches Wesen abstreifen und als „Allerkonkretestes" locken: So wie sie ihre Geschichten erzählt, als wären sie einerseits der Mythos schlechthin, andererseits eben erst von ihr erfunden worden, so verleugnet sie die Trivialität ihrer Sprache, indem sie einerseits Worte findet und erfindet, die glänzen sollen wie Perlen im Dreck, andererseits die banalsten adelt, „nach dem faschistischen Brauch, der das Plebiszitäre und das Elitäre weise mixt".[90]

So wie sie die Mythen nacherzählt, zitierend, in der Hoffnung auf deren ungebrochene Strahlkraft, und ohne sie im Lichte der eigenen Erfahrung umzudeuten, so verrät sie die Subjektivität des indviduellen Stils von vornherein an die Objektivität der Sprache. Sie gibt sich dankbar an das

Fremde, Tote hin, und tut, als wäre es lebendig. Antonio Tabucchi etwa schreibt seinen Roman „Requiem" in einer ihm fremden Sprache, auf portugiesisch, eine Vorgangsweise, bei der das eigene notgedrungenerweise dem fremden weichen muß.

So einheitlich die postmoderne Literatur in ihrer Machart ist, so homogenisierend wirkt sie sich auch auf die Rezensenten aus: Als stünden sie unter dem Einfluß einer Droge, die jegliches Urteilsvermögen aus- und das Vokabular gleichschaltet, stimmen sie landauf landab einen einzigen Jubelgesang an, dem wohl ein großes, einigendes Glücksgefühl zugrunde liegen muß.[91]

In ihrer Verleugnung der Geschichtlichkeit sind die Produkte der Postmoderne auch merkwürdig zeitlos. Der Tod wird zwar zuweilen von der postmodernen Theorie thematisiert, als Anderes der Vernunft, als Zustand, der nicht vorgestellt, sondern allenfalls als „Anwesenheit der Abwesenheit" umkreist werden kann, Sterblichkeit allerdings wird verleugnet. Die postmoderne Literatur propagiert den endgültigen Stillstand, ein zu einem ewigen Zustand eingefrorenes „post", das so total und allesverschlingend ist, daß es nie wieder von etwas anderem abgelöst werden kann, und verleugnet somit die Möglichkeit eines Endes, das Abschied und Veränderung bedeuten würde: Indem sie Sterblichkeit leugnet, optiert sie für den Tod im Leben. Weshalb keine Notwendigkeit besteht, warum ein Roman von Christoph Ransmayr, der 1990 erscheint, einen anderen Ton anschlagen sollte als ein Roman von d'Annunzio ein Jahrhundert davor, warum ein Roman von Robert Schneider 1993 nicht auf dasselbe pseudodialektale und pseudo-antiquierte Vokabular zurückgreifen sollte wie zum Beispiel eine Novelle Gertrud Fusseneggers von 1943. Deren vor fünfzig Jahren entstandene

„Mohrenlegende“ etwa ist nicht weniger und nicht mehr reaktionär als Robert Schneiders Roman „Schlafes Bruder“, mit dem sie nicht nur die faule Mystik der altertümlichen, auf die „wahren Werte“ beharrenden Sprache gemeinsam hat, sondern auch die simple, unkritisch (nicht ironisch!) wiederholte Aussage: „Außenseiter sind in unserer verderbten Gesellschaft zum Tode verurteilt“, die genauso für als auch gegen diese sprechen könnte.

Wir sind wert-konservativ, sagt die Postmoderne. Haltet euch an uns, wenn euch in Wirklichkeit vieles zu schnell geht, wenn euch die Veränderungen überrumpeln und überfordern, wir bieten Trost. Ein verständlicher Wunsch, zumindest all derer, die bei Veränderung viel zu verlieren haben und nichts zu gewinnen. Die postmoderne Literatur inszeniert ihn, wie das so ihre Art ist, eins zu eins, als absoluten, nicht als reflektierten, der auch die andere Seite der Medaille sichtbar machte. Dorian Gray in Oscar Wildes gleichnamigen Roman gelingt es bis zuletzt, im zeitlosen Raum des Narzißmus sein Gesicht vor den Entstellungen durch die Zeit und durch seinen liderlichen Lebenswandel zu bewahren. Wird es den Texten der Postmoderne jemals ergehen wie dem Gesicht des Dorian Gray? Wird irgendwann der Spiegel springen und die häßliche Fratze der Realität auf das bislang jugendlich gebliebene, schöne Antlitz zurückwerfen?

Trotz allem: Literatur

Stellt sich die Frage: Warum eigentlich einen Widerstand aufrechterhalten gegen die allgegenwärtige und Seligkeit versprechende Unterhaltungsindustrie, der einen ja doch nur in die Position dessen drängen kann, der verbissen und altmodisch von der Warte des Kulturkritikers aus Werte wie „Wahrheit", „Authentizität" oder „Utopie" einfordert? Was erwartet man, beziehungsweise was kann man in Zeiten der Postmoderne von der Literatur erwarten, welche Qualitäten kann sie transportieren, die die Produkte der Kulturindustrie beziehungsweise die Werke der Postmoderne, die auf der Gleichsetzung von Kunst und Trivialität beharren, nie besitzen werden?

George Steiner, ein Ächter des Kulturbetriebs und gleichzeitig einer seiner prominentesten Stars, beginnt sein Plädoyer für das Konkrete und gegen das Abstrakte mit einer langen Klage über den sogenannten „Sekundärdiskurs", über die pseudowissenschaftliche Vereinnahmung von Kunst und Literatur, wie sie unter anderem im akademischem Bereich gang und gebe ist. Es folgt eine nicht minder lange Klage über den „nihilistischen Diskurs" der Dekonstruktivisten, den „Meistern der Leere", die zwar einen radikal anti-hermeneutischen Ansatz vertreten, Kunst jedoch nur als Spiel wahrzunehmen imstande seien. Steiner stutzt die Funktion des angeblich im Unauthentischen verharrenden Kritikers (wie verhält es sich mit seiner eigenen Kritik an der Kritik?) zurecht auf die des liebevoll nachvollziehenden Interpreten, der zugleich Leser und Übersetzer sein soll: der wie der Künstler selbst dem Anderen Obdach gewährt. Allein ein derartig demütig-reproduzierender Umgang mit dem religiös besetzten Anderen bewahre vor der – man ist versucht zu sagen – „Zersetzung“ durch die Kritik.

Bereits 1964 hatte Susan Sontag einen Essay veröffentlicht, der, wie bereits der Titel „Gegen Interpretation“[92] besagt, von denselben Prämissen ausgeht. Interpretation, heißt es darin, sei die Rache des Intellekts an der Welt. Interpretieren hieße, die Welt arm und leer zu machen – um eine „Schattenwelt der Bedeutungen“ zu errichten. Interpretation sei überflüssig, solange die Strahlkraft, die Transparenz eines Kunstwerks dessen sinnliches Erleben als selbstverständlich voraussetze. Susan Sontag kommt allerdings zu einem radikal anderen Schluß als George Steiner. Sie plädiert für den Wert des Ästhetischen an sich, das keiner wie auch immer gerateten Rechtfertigung bedarf. Nicht: „Wir brauchen eine neue Metaphysik der Kunst“, sondern: „Statt einer Hermeneutik brauchen wir eine Erotik der Kunst“. Und zwar eine Erotik, die, da sie keine Legitimation für den sie nährenden Triebwunsch benötigt, nicht religiös aufgeladen ist: die das Bedürfnis des Individuums, seine Ich-Grenzen in einem Augenblick der Extase zu überschreiten und dennoch Subjekt zu bleiben, ernst nimmt. So wie es der eingangs erwähnte Francesco Petrarca am Beginn des durch und durch rationalistischen Zeitalters der Renaissance formuliert hatte: Wenn Liebe oder Tod mich nicht daran hindern, werde ich die Wahrheit des Geistes mit der Wahrheit des Körpers in Einklang bringen. Liebe und Tod, die einzigen für den Menschen vorstellbaren Erfahrungen, bei denen das Ich vom Anderen überschwemmt und ausgelöscht wird, als Äquivalent der Literatur, dem einzigen Ort, an dem das Unmögliche möglich ist, an dem die Gegensätze zusammengedacht werden können, auch wenn das Scheitern vorprogrammiert ist. Keine Religion und keine Metaphysik sind in Petrarcas Formulierung aufgeboten, um die ekstatische Erfahrung zu rechtfertigen, der Wunsch nach Auflösung ist ausschließlich im selbstbewußt gewordenen Subjekt begründet, das seine Ich-Grenzen genügend gefestigt hat, um sie verlieren zu wollen.

„Es ist eine der wichtigsten intellektuellen Aufgaben der Zukunft", heißt es bei Susan Sontag weiter, „den Versuch einer neuen Art des ernsten, leidenschaftlichen und enthusiastischen Sprechens zu unternehmen, der aus der religiösen Einkapselung herausführt"[93] – eine Aufgabe, die ihr umso schwieriger und umso dringlicher erscheint, als der Wunsch nach Auslöschung und Überwältigung über die Jahrhunderte hinweg nur im Rahmen einer religiösen Erfahrung formuliert werden konnte (beziehungsweise im Rahmen einer pseudoreligiösen: Man denke in diesem Zusammenhang an das Konzept des „Erhabenen", das die Vernichtungswünsche und -ängste des Individuums angesichts des als groß und absolut Wahrgenommenen zu Allmachtsgefühlen umzudeuten imstande ist und das nun, da das „Erhabene" des Faschismus, der die Vernichtungswilligen beim Wort nahm, weit genug entfernt zu sein scheint, im „Erhabenen" der Postmoderne und einer als Religionsersatz sich verstehenden Kunst wiederzukehren getraut).

„Eine neue Art des ernsten, leidenschaftlichen und enthusiastischen Sprechens": Das wäre immerhin (und immer noch) eine Möglichkeit, die Qualität einer Literatur zu umschreiben, die sich weder völlig an die Objektivität eines vorgefundenen beziehungsweise auferlegten Diskurses verschenkt noch ihre Authentizität in einem schemenhaften Jenseits der Vernunft zu finden hofft, sondern in der eigenen Subjektivität. (Susan Sontag glaubte ihre Vorstellungen einer Literatur, die die Auslöschung des Individuums inszeniert, in der literarischen Pornographie gefunden zu haben, die, wie sie feststellt, von ihren Interpreten ebenfalls immer wieder als Darstellung einer religiösen oder pseudo-religiösen Erfahrung gedeutet wird.) Deren Subjektivität sich, um zum Ausdruck zu kommen, an objektiven Gegebenheiten reiben und sich gegen diese durchsetzen muß. Womit sie schon keine „reine Wahrheit" sein kann, sondern nur eine, die sich ausschließlich im Rahmen gewisser objektiver Instanzen wie Sprache, Tradition, Publikumsgeschmack etc. äußern kann. Deren Subjektivität, sofern sie nicht zur Ideologie verkommen will, sich als Subjektivität zu erkennen geben muß, als individuelle Weltsicht und Erfahrung des Autors, und nicht als objektive, die für alle gilt und zu gelten habe.

In Zeiten der Postmoderne hingegen, die unter anderem den Tod des Subjekts postuliert, haben Poetiken Konjunktur, die das Gegenteil behaupten und fordern: Die Literatur hat nicht länger ein Ort zu sein, an dem irgendeine Wahrheit geäußert oder gefunden wird, weder eine gesellschaftliche, die die Lügen der Herrschenden entlarvt, noch eine, die in der Authentizität des individuellen Ausdrucks besteht. Haben ja sowohl der Realismus als auch die sprachkritische Avantgarde durch ihr Verstummen bewiesen, daß sie ihre Aufgabe fürs erste erfüllt haben. Der Traum vom sozial erlaubten Glück ist für die meisten in Erfüllung gegangen, die Herrschaft hat (sofern man sie nicht als eine des Marktes begreift) weitgehend die Zügel gelockert, man wüßte gar nicht, welchem Feind man die Maske vom Gesicht reißen soll. Der (postmoderne) Autor hat die außerliterarische Realität aus dem Blickwinkel verloren, sein Schreiben ist kein Eingreifen mehr, sondern eine Übernahme des Gegebenen, eine totale Auslieferung an die Verhältnisse. Man revitalisiert die Ästhetik des Scheins, die behauptet, daß die literarische Wirklichkeit mit keiner außerliterarischen in Verbindung stünde und die im total Anderen der Vernunft den letzten glücksverheißenden Ausweg aus der durchrationalisierten Gesellschaft zu versprechen scheint. Der Ästhetizismus der letzten Jahrhundertwende, der „Kultus des Unwahren" findet seine Fortsetzung im Ästhetizismus der Postmoderne, die sich die Wirklichkeit nur als eine ästhetisch vorgeformte vorstellen kann. Der „Tod des Subjekts" fordert eine totale Hingabe an die Objektivität der Spielregeln, wonach Schreiben nur mehr ein sich „Einschreiben" in ein objektiv vorgegebenes Material sein kann, das jede Form von Authentizität und Subjektivität von vornherein verhindert.

Die Postmoderne, der die neuartigen Kommunikations- und Informationssysteme, die der Wirklichkeit ihren Schein entgegensetzen beziehungsweise ihre eigene Wirklichkeit hervorbringen, als materielle Grundlage für diese Theorie dienen, geht dabei in dieselbe gedankliche Falle wie schon die Moderne in ihren antiaufklärerischen Momenten: Sie meint, der technische Fortschritt und seine Maschinen allein seien – im Guten wie im Bösen – verantwortlich für die Befindlichkeit des Menschen, gemäß einer undialektischen Lesart des Satzes: „Das Sein bestimmt das Bewußtsein". Eine solche Haltung suggeriert, das Bewußtsein des Menschen – auch sein Unbewußtes, seine Verhaftung im Triebhaften, im Mythos – ließe sich machen beziehungsweise ließe sich zur Gänze ersetzen durch die Scheinwelt der neuen Technologien. Darin äußert sich die naive Hoffnung, der technische Fortschritt, der zu diesem Zweck nur einer sein kann, in dem sich nie ein Bewußtsein gespiegelt hat, würde den Menschen von seinen Phantasien und seiner Körperlichkeit (in letzter Instanz wohl auch von seinem Denken) befreien, als würden sich diese nicht immer wieder neue, von seinem Sein modifizierte Wege bahnen. Dennoch ist die Angst vor der „schönen neuen Welt“ unbegründet, denn diese ist tatsächlich dazu verurteilt, eine Utopie zu bleiben, wenn auch eine Negativ-Utopie, die allenfalls mit diktatorischen Maßnahmen für eine gewisse Zeit aufrechtzuhalten ist. Denn der Körper und seine Begierden werden dem Subjekt immer wieder neues Material und Energie liefern, das sich gegen die objektiven Instanzen durchsetzen will. Die Unmittelbarkeit dieser Erfahrung, ob sie sich nun als körperliche Sensation oder als deren Symbolisierung, als Traum, Phantasie oder Symptom darstellt, wird, von pathologischen Ausnahmen abgesehen, vom Indiviuum immer als „Wirklichkeit“ oder Wahrheit“ wahrgenommen werden (auch wenn es sich dabei um eine gebrochene, vermittelte Wahrheit handelt, die nie wieder das „reine“, von allen gesellschaftlichen Instanzen befreite Naturhafte sein wird), allen Entfremdungen und neurotischen Verzerrungen zum Trotz, denen sein Triebleben unterliegt. Auch die „falschen“ Bedürfnisse äußern sich, sofern sie überhaupt zu Recht als „falsch“ zu bezeichen sind, heftig und ungestüm und pochen auf Befriedigung. Von dieser Last und von diesem Glück glaubt die *virtual reality* das Individuum befreien zu müssen. Die Postmoderne meint, was sie anhand der Realität festzustellen glaubt – die Simulation von Wirklichkeiten – auch als Maxime für die Kunst postulieren zu müssen.

Dabei gibt es keinen Grund, auch nicht den herbeizitierten „Tod des Subjekts“ – der, wäre er bereits eingetreten, das Reden über ihn unmöglich machte –, warum die Literatur nicht nach wie vor (vielleicht sogar in vermehrtem Ausmaß, da ihr die elektronischen Medien die Aufgabe der Unterhaltung abnehmen) diese ihre herkömmlichen Möglichkeiten ergreifen und wahrnehmen sollte, als einziger Diskurs, der sein Quentchen Subjektivität nicht von vornherein an das Objektive verschenkte und somit einen Rest an Subversionskraft behielte. Eine Literatur, die eines Autors bedarf, der zugleich so bescheiden und so größenwahnsinnig ist, sein Werk auf den Bedürfnissen des Körpers aufzubauen (als „realistisch" bezeichnete Brecht eine Literatur, die im Zeichen der Körperlichkeit steht), die Bedürfnisse unter den psychischen oder sprachlichen Symptomen sichtbar zu machen, unter den „Lügen", an deren Aufrechterhaltung immer jemand ein Interesse hat, nicht zuletzt der Autor selbst. Und auch wenn sich die „Wahrheit", die sich hinter den verlogenen Instanzen der Gesellschaft, der Sprache oder des eigenen Ich aufdecken läßt, nur eine „kleine" sein kann, eine „Zwiebelwahrheit", hinter der sich immer neue Wahrheiten auftun, und keine absolute, wie die Verfechter einer Kunstreligion sie hinter den Begriffen vermuten, ist es befreiend und heilsam, sie zu entdecken.

Eine solche Literatur bräuchte auch nicht auf ihr Utopisches zu verzichten, da sie von vornherein nicht in dem Verdacht stünde, es als gesellschaftlich Machbares fixieren zu wollen. Ihre Utopie bestünde vielmehr darin, den Bedürfnissen des Individuums in ihrer Grenzenlosigkeit einen Rahmen zu bieten. Idylle und Satire sind laut Karl Heinz Bohrer die Genres, die das Utopische am ehesten transportieren: die Idylle, die die verlorene Zeit (der Kindheit zuweilen) als Ort der unbegrenzten Befriedigung, als Paradies heraufbeschwört, und die Satire, die die tatsächlichen Zustände, die eben diese Befriedigung verhindern, so scharf karikiert, daß sie die Ahnung einer anderen, glücklicher machenden Welt vermittelt.[94] Ganz anders die Postmoderne: Ihr ist die Idylle kein Ort der Vergangenheit, der als verlorener nur noch heraufbeschworen werden kann, sie inszeniert die (literarische) Vergangenheit als realen Ort der Idylle vor allen Trennungen und Versagungen, an dem die Welt vermeintlich noch heil und die Sprache intakt war.

Das „Noch-nicht“ der Utopie, das Versprechen auf eine andere, in ferner Zukunft zu realisierenden Wirklichkeit, wäre demnach ein „Überhaupt-nicht“: eine Qualität, die sich, um sich selbst treu zu bleiben, jeglicher Realisierung entzieht, was sie jedoch nicht wertloser, sondern umso wertvoller macht: als einziges Glück, das – als vorgestelltes – grenzenloser, wilder und gefährlicher ist als das sozial erlaubte.

Eine solche Literatur bräuchte auch nicht darauf zu verzichten, die Qualität des Anderen der Vernunft oder der Herrschaft zu transportieren, auch wenn es sich deren Kanäle bedienen muß, um sich zu äußern: eine Qualität, für die die Ästhetiken der Moderne verschiedene Begriffe gefunden haben, etwa das Konzept des „Dionysischen“, das Nietzsche im Rahmen seiner „Schein“-Theorie formulierte und das als „Plötzlichkeit“ oder „Epiphanie“ wiederkehrt, um das Aufblitzen eines radikal anderen, das Raum-Zeit-Kontinuum sprengenden Zustandes zu bezeichnen. Das „Dionysische“, oder wie auch immer man es bezeichnen mag, ist imstande, die Wahrnehmung der Welt als ästhetische Spiegelung einen Augenblick lang aufzuheben und den Blick, wenn schon nicht auf das „wahre Wesen“ der Dinge, das als solches nicht zu fassen ist, so doch in den erschreckenden „Abgrund des Seins“ freizugeben, der allerdings wiederum nur als ästhetischer Schein erfahrbar ist. Alle diese im Rahmen der Moderne formulierten Konzepte tragen ein utopisches Moment in sich: Sowohl Benjamins „Messianisches" als auch Dionysos als der „kommende Gott" konnten Hoffnungen auf ein zukünftiges Glück auf sich ziehen. Je dringlicher der Mangel, desto überzeugender das Versprechen auf Erlösung. „In der größten Gefahr wächst das Rettende auch."

In dem Maße, in dem das Individuum seinem psychischen und sozialen Wohlbefinden sowie seinen tatsächlichen Befriedigungsmöglichkeiten zuliebe die Realität zur Kenntnis nimmt, die Trennung als Prinzip der Individuation voraussetzt, kann die Literatur das Lustprinzip, in dem alle Trennungen und Versagungen aufgehoben sind, inszenieren: als Zustand des Glücks, der weder ein erst zu verwirklichender noch ein bereits hergestellter (wie es die Postmoderne gern hätte mit ihrer Pseudo-Utopie der vereinten Klassen und der abgeschafften Hierarchien) sein kann, sondern nur in der Phantasie existiert und, um Literatur zu werden, den objektiven Gegebenheiten abgerungen werden muß.

Und die Begegnung mit dem Ästhetischen wird keine „Inspiration" hervorrufen, wie es Botho Strauß gern hätte, und sie muß auch kein „Aufruf zur Wandlung" im religiösen oder metaphysischen Sinn sein, als die sie George Steiner gerne sähe, es reicht, wenn sie dem Leser ein paar Stunden genußvoller Konzentration schenkt, eine Stimmung lustvollen Bei-sich-Seins, die die Genze zwischen Arbeit und Vergnügen nicht mehr so eindeutig erscheinen läßt.

Begreift man den Wunsch nach Aufhebung aller Trennungen als einen vom Menschen ausgehenden, der zwar sein Ziel niemals erreichen wird, im Rahmen gewisser menschlicher Erfahrungen jedoch erfüllbar ist, erübrigt sich jede Metaphysik und jede Religion, um die ekstatische

Erfahrung zu legitimieren oder zu ermöglichen. Wenn der utopische Augenblick der Augenblick der Lust ist, die einzige dem Menschen zugängliche Erfahrung der aufgehobenen Zeit und der Verschmelzung mit der Natur, kann auf den Rattenschwanz an Irrationalem verzichtet werden, den jede Pseudo-Religion hinter sich herzuziehen gezwungen ist, sowie jede als Religionsersatz sich verstehende Kunst, die auf der Flucht aus der durchrationaliserten Gesellschaft ihr Heil in einem total Anderen der Vernunft zu finden hofft. Allein die Literatur hat die Aufgabe und die Chance, diesen Moment in all seinen Facetten und mit all den Beimengungen, aus denen er sich nährt, darzustellen und zu inszenieren, ohne seine triebhaften Wurzeln verschweigen oder rationalisieren zu müssen: als Sehnsucht nach einem konflikt- und spannungslosen Zustand im Kontrast zur Realität, die diesen auf die Dauer verhindert und immer verhindern wird, ihm aber erst seine Süße und seine Schärfe verleiht.

Anders als die Postmoderne, die Trennungen nicht aushält und die Aufhebung aller Trennungen in einem esoterischen Akt gern auf immer und ewig erledigt haben möchte, die sogar dem Wunsch nach Aufhebung aller Trennungen seine Brisanz nimmt, indem sie ihn als erfüllbaren oder gar bereits erfüllten verharmlost, ist eine solche Literatur wirklich so weit wie möglich demokratisch: Sie rückt den Menschen ins Zentrum des Universums und stellt seine Erfahrungen als von ihm gewollte und gemachte (und zuweilen von ihm selbst und anderen verhinderte) dar. Und anders als die postmoderne Literatur drückt sie sich auch nicht um das Bewußtsein ihres elitären Status, denn obwohl sie die zur Literatur kristallisierte Erkenntnis jedem bereitstellt, der sich ihrer bedienen möchte, weiß sie, daß die radikalsten, größte Seligkeit und größtes Unheil verheißenden Erfahrungen nicht jedermanns Sache sind: daß sich viele, wenn nicht gar die meisten, mit Surrogaten des Glücks, auch des literarischen Glücks, zufriedengeben, um ihr schwaches Ich nicht zu gefährden. Die Frage nach dem Sinn, auch dem literarischen Sinn, erübrigt sie: Wer genießt, fragt nicht nach dem Sinn.

Anmerkungen

1 Dieser Text ist eine Pastiche, zusammengesetzt aus Zitaten folgender Werke: Gabriele d'Annunzio: *Das Feuer,* München 1988 (it. Originalausgabe 1900); Paola Capriolo: *Die Frau aus Stein,* München 1991; Gertrud Fussenegger: *Mohrenlegende,* 1937; Christoph Ransmayr: *Die letzte Welt,* Nördlingen 1988. Der Leser ist aufgefordert, sich mit Texten seiner Wahl seine eigenen postmodernen Pastiches zusammenzubasteln.

2 Peter Bürger: *Postmoderne: Alltag, Allegorie und Avantgarde.* Herausgegeben von Christa und Peter Bürger, Frankfurt am Main 1987, S. 197.

3 *Zirkular.* Dokumentationsstelle für neuere österreichische Literatur, Wien 18–1993, S. 13.

4 Umberto Eco: *Nachschrift zum ,Namen der Rose',* deutsch von Burkhart Kroeber, München Wien 1984, S. 78.

5 Peter Bürger, op. cit., S. 9.

6 Umberto Eco: *Apokalyptiker und Integrierte. Zur kritischen Kritik der Massenkultur,* Frankfurt am Main 1984, S. 60 ff.

7 ibid., S. 71.

8 Umberto Eco, op. cit., S. 77.

9 Umberto Eco: *Das offene Kunstwerk.* Übersetzt von Günter Memmert. Frankfurt am Main 1973, (it. Originalausgabe 1962).

10 Boris Groys: *Über das Neue*, München Wien 1992. Boris Groys unternimmt darin den Versuch, mit der Postmoderne gegen die Postmoderne argumentierend, Kunst aufgrund einer ihr innewohnenden Kraft zur Innovation zu definieren, allen außerliterarischen Stagnatio-

nen zum Trotz. Kunst ist demnach eine Art perpetuum mobile, das keinerlei außerkulturelle Wirklichkeit braucht, um sich zu erneuern.

11 S'amore o morte non dà qualche stroppio /.../ mentre che l'un coll'altro accoppio. Francesco Petrarca, *Canzoniere,* 40–1/4.

12 Bürger/Bürger, op. cit., S. 7ff.

13 Boris Groys, op. cit. Die „Innovation" denkt zwar die Gegensätze zusammen, reduziert Kunst jedoch auf ihre reine Funktionweise: Anders als die „Utopie" mag sie zwar für künstlerische Qualität bürgen, entbehrt allerdings aller Glücksmomente, jeglicher Hoffnung auf „Kreativität und Machtferne" (Karl Heinz Bohrer), wie sie die literarische Utopie zu transportieren vermag. Das „Neue" garantiert Veränderung allein innerhalb der Kunst, die in dieser Darstellung zu einem seelenlosen, blind vor sich hin werkelnden Mechanismus wird, dem zwar die Ideologie des Fortschritts, die Hoffnung auf ein Ziel abgeschminkt worden ist, in seinem Automatismus jedoch jeglicher menschlicher Dimension entbehrt.

14 ibid., S. 77.

15 Umberto Eco: *Nachschrift zum ‚Namen der Rose',* op. cit., S. 69 ff.

16 zit. nach Wolfgang Welsch (Hg.): *Wege aus der Moderne. Schlüsseltexte der Postmoderne-Diskussion,* Weinheim 1988.

17 ibid., S. 68.

18 Karl Heinz Bohrer: *Der Lauf des Freitag. Die lädierte Utopie und die Dichter. Eine Analyse,* München Wien 1973, S. 15.

19 *Weltwoche,* 25. August 1993.

20 zit. nach Uwe Wittstock: *Autoren in der Sackgasse,* in: *Süddeutsche Zeitung,* München 26./27. Februar 1994.

21 Antonio Tabucchi: *Die Literatur darf keinen Trost liefern,* in: *AZ,* Wien 8. September 1990.

22 Charles Jencks: *Was ist Postmoderne?,* aus dem Englischen übertragen von Kathrin Dobai, Zürich und München 1990.

23 Umberto Eco: *Das offene Kunstwerk,* op. cit.

24 ibid., S. 178.

25 Charles Jencks, op. cit.

26 Max Horkheimer und Theodor W. Adorno: *Dialektik der Aufklärung,* Frankfurt am Main 1969, S. 144.

27 Umberto Eco: *Nachschrift zum ‚Namen der Rose',* S. 28.

28 ibid., S. 45.

29 Das „Europäische", das alle Unterschiede innerhalb der europäischen Nationen aufhebt, wird immer mehr als positive Qualität ins Treffen geführt: „Tabucchi schrieb mit dem ‚Indischen Nachstück' ein wunderbares, im zeitlosen wie spezifisch gegenwärtigen Sinne geheimnisvolles Buch. Er bietet damit einmal mehr eine eminent europäische Schreibweise an, die die Simulationsbedingtheit unserer Realität mit Welterfahrung zu einer modellhaften Erzählung verschmilzt." In: *Tages-Anzeiger,* 31. August 1990.

30 Umberto Eco: *Apokalyptiker und Integrierte,* op. cit., S. 62.

31 Antonio Gramsci: *Notizen zur Sprache und Kultur,* Leipzig und Weimar 1984, S. 94 ff.

32 ibid., S. 117.

33 ibid., S. 117.

34 Pier Paolo Pasolini: *Freibeuterschriften,* aus dem Italienischen von Thomas Eisenhardt, Berlin 1978.

35 siehe dazu Paul Virilio in: *Die Zeit,* Hamburg 29. 4. 94.

36 Die Zahlen stammen aus einem Artikel der Zeitschrift *Espresso,* Rom 6. Mai 1994, S. 96 ff.

37 Pier Paolo Pasolini, op. cit., S. 31.

38 Botho Strauß: *Der Aufstand gegen die sekundäre Welt,* in: George Steiner: *Von realer Gegenwart,* aus dem Englischen von Jürg Trobitius, München Wien 1990, S. 314.

39 zu d'Annunzios Biographie siehe Maria Gazzetti: *Gabriele d'Annunzio,* Reinbek 1989.

40 Alberto Savinio: *Stadt, ich lausche deinem Herzen,* aus dem Italienischen von Karin Fleischanderl, Frankfurt am Main 1989, S. 28.

41 zitiert nach: *Una città di pagina in pagina,* Roma Capitale 1870–1911, Venedig 1984, S. 19.

42 In: *Der Kamerad mit den wimpernlosen Augen,* aus dem Italienischen von Karin Fleischanderl, Frankfurt am Main 1991.

43 ibid., S. 64

44 ibid., S. 101.

45 Mario Praz: *Il patto con il serpente,* Mailand 1972, S. 349 ff.

46 „Hier kommt man ja um, gehen wir."

47 Mario Praz, op. cit., S. 351.

48 Theodor W. Adorno: *Prismen. Kulturkritik und Gesellschaft,* Frankfurt am Main 1993, S. 190.

49 Fernando Pessoa: *Poesie,* übertragen von Georg Rudolf Lind, Frankfurt am Main 1962, S. 127.

50 Peter Strasser: *Geborgenheit im Schlechten,* Wien 1993, S. 48.

51 Umberto Eco: *Nachschrift zum ‚Namen der Rose',* op. cit., S. 77.

52 Peter Strasser, op. cit., S. 50.

53 ibid., S. 48.

54 Judith Ryan: *Pastiche und Postmoderne. Patrick Süskinds Roman ‚Das Parfum',* in Paul Michael Lützeler (Hg.):

Spätmoderne und Postmoderne. Beiträge zur deutschsprachigen Gegenwartsliteratur, Frankfurt am Main 1991, S. 91

55 Thomas Mann: *Bekenntnisse des Hochstaplers Felix Krull,* Frankfurt am Main 1922, S. 8.

56 Beda Alleman: *Ironie und Dichtung,* Pfullingen 1956.

57 Judith Ryan, op. cit., S. 91 ff.

58 ibid., S. 101.

59 Christoph Ransmayr: *Die letzte Welt,* Nördlingen 1988, S. 26 f.

60 Gabriele d'Annunzio: *Das Feuer,* München 1988, S. 65.

61 Judith Ryan, op. cit., S. 96.

62 Rainer Wuthnow: *Muse, Maske, Meduse. Zum europäischen Ästhetizismus*, Frankfurt am Main 1987.

63 Antonio Tabucchi, op. cit.

64 Christoph Ransmayr, op. cit., S. 32.

65 ibid., S. 33.

66 zit. nach Ralph-Rainer Wuthnow, op. cit., S. 45.

67 Mario Praz: *Liebe, Tod und Teufel. Die schwarze Romantik,* München 1960.

68 George Steiner, op. cit.

69 ibid., S. 70.

70 Mit seiner Verteufelung der Kritik steht Steiner nicht allein da: Bei Vilém Flusser etwa, der, um eine Verwandtschaft der Wörter Kritik (krinein) und Verbrechen (crimen) herzustellen, eine falsche Etymologie in Kauf nimmt, wird die Kritik zu einer Sache der Moral. „Einen Text kritisch lesen hieße nach Flusser, den Schreibenden für einen Verbrecher zu halten und Verbrechen an ihm zu begehen: *Das Ganze ist in eine kriminalistische Stimmung gebadet.*" So Franz Schuh in „Literatur und Kritik", Juni 1993, S. 49.

71 George Steiner, op. cit., S. 295.

72 Theodor W. Adorno: *Jargon der Eigentlichkeit. Zur deutschen Ideologie,* Frankfurt am Main 1964, S. 14.

73 ibid., S. 12.

74 Botho Strauß, op. cit., S. 305 ff., (Kursiv d. Verf.).

75 George Steiner: *Unter Druck. Parabeln,* München Wien 1992, aus dem Englischen von Hans Günter Holl und Hans Paeschke.

76 Peter Bürger: *Prosa der Moderne,* Frankfurt am Main 1988, S. 57.

77 ibid., S. 57.

78 Robert Menasse: *Nation ohne Nationalliteratur?,* in: *manuskripte,* Graz 119/'93.

79 Patrick Süskind: *Das Parfum,* Zürich 1985, S. 7.

80 ibid., S. 7.

81 Robert Schneider: *Schlafes Bruder,* Leipzig 1992, S. 33.

82 Christoph Ransmayr, op. cit., S. 48.

83 „Keinen Gruppen noch Grüppchen zugehörig, hat sich Robert Schneider, 1961 in Bregenz geboren und bei Götzis in Vorarlberg lebend auf eine Weise der Literatur verschrieben, die den gängigen Mechanismen des Betriebes völlig entgegengesetzt ist", schreibt *Die Presse,* Wien, am 22. August 1993.

84 Theodor W. Adorno: *Über den Fetischcharakter der Musik und die Regression des Hörens,* in: *Dissonanzen,* Göttingen 1956.

85 Josef Winkler: *Friedhof der bitteren Orangen,* Frankfurt am Main 1990, S. 43.

86 Theodor W. Adorno: *Jargon der Eigentlichkeit. Zur deutschen Ideologie,* op. cit., S. 74 ff.

87 Botho Strauß, op. cit., S. 312.

88 Theodor W. Adorno: *Jargon der Eigentlichkeit. Zur deutschen Ideologie,* op. cit., S. 46.

89 In: *Die Zeit,* Hamburg 2. Oktober 1992.

90 Theodor W. Adorno: *Jargon der Eigentlichkeit. Zur deutschen Ideologie,* op. cit., S. 9.

91 Zum Beispiel im Falle von Robert Schneiders *Schlafes Bruder:* „Virtuos zieht Schneider alle Register des professionellen Romanciers. Mit leichter Hand versprengt er Lokalkolorit. Vor allem aber verfügt seine Sprache über verwirrende Kraft und zuweilen atemberaubende Eleganz.“ *(Der Spiegel,* 48/1992) „‚Schlafes Bruder‘ ist ein berückendes Leseerlebnis, eine virtuose literarische Komposition, die nie blendet, statt dessen sich konsequent in den Dienst des Erzählten stellt.“ *(Luzerner Zeitung,* 12. November 1992) „Anstößig ist diese bäuerliche Romanballade – und sehr gut gemacht. Sie ist konzessionslos durchgeführt von Anfang bis zum Ende, in der angespannten und wild raffenden Sprache, im hochfahrenden Urteil.“ *(Neue Zürcher Zeitung,* 20. Oktober 1992) „Robert Schneider schreibt eine stilistisch sehr ambitionierte Prosa, eine Sprache voller regionaler und altertümelnder Ausdrücke, rhythmisch austariert, gelegentlich drastisch.“ *(Frankfurter Rundschau,* 10. Oktober 1992) „Ein Genie ohne Erweckung, ein Künstler ohne Berufung – das ist das Thema dieser fast spektakulär gut erzählten Geschichte.“ *(Frankfurter Allgemeine Zeitung,* 10. November 1992)

92 Susan Sontag: *Gegen Interpretation,* in: *Kunst und Antikunst,* deutsch von Mark W. Rien, München Wien, 1980.

93 ibid., S. 83.

94 Karl Heinz Bohrer: *Plötzlichkeit,* op. cit., S. 180 ff.

Inhaltsverzeichnis